AF434077

LA CONSTANTE TÉSLICA

LA CLAVE 3-6-9

Miguel Ángel Molina

Bubok Publishing S.L., 2017

1ª edición

ISBN: **978-84-685-1148-1**

Impreso en España / *Printed in Spain*

Editado por Bubok

"Si tú supieras la magnificencia de los 3, 6 y 9 entonces tendrías una clave del universo"

NIKOLA TESLA (1856-1943)

Capítulo 1

LO VISUAL COMO GUÍA

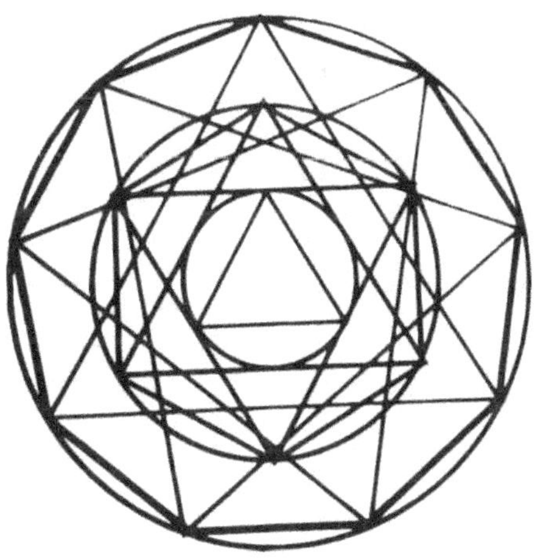

Han pasado ya unos seis años desde que comenzara a escribir el primer libro "Los Números de la Flor de la Vida. La Clave 3-6-9"; querido lector, le recomiendo que lo lea antes de leer el libro que tiene entre sus manos para comprender el origen y la trayectoria que me ha llevado a escribir esta segunda parte, "La Constante Téslica. La Clave 3-6-9".

En mi libro anterior se observa en numerosas ocasiones cómo lo visual y las geometrías me guiaban en el camino de los 3, 6 y 9 y que de ahora en adelante me referiré a ellos como los "**Números Téslicos**" y su símbolo será N_T.

En este libro lo visual pasará a un segundo plano dando prioridad a los Números Téslicos y su comportamiento con otros números.

Antes de adentrarnos en la segunda parte de estos enigmáticos números quiero agradecer los comentarios e interés de los lectores de "Los Números de la Flor de la Vida. La Clave 3-6-9".

Actualmente me encuentro muy cerca de que arranque el verano de 2017, la investigación de los Números Téslicos me han llevado hasta ahora por momentos de felicidad, pero también decepciones, pues el método es prueba, ensayo, observación y deducción. He decidido comenzar ahora a escribir esta segunda parte porque a lo largo de estos últimos años he podido acumular otros tantos casos curiosos sobre estos números, descubrimientos que están en constante evolución, pues lo más posible es que durante este proceso de escritura surjan nuevos descubrimientos sobre los Números Téslicos.

En las presentaciones de mi libro anterior terminaba con una demostración visual sobre los Números Téslicos que no estaba incluida en "Los Números de la Flor de la Vida. La Clave 3-6-9.", pues llegué a ella después de publicarlo, con ella es con la que arrancaremos esta nueva aventura numérica.

Los números 3, 6 y 9 son números que a lo largo de la historia han sido considerados muy especiales, incluso mágicos por diferentes culturas y creencias, todo ello debido a sus propiedades matemáticas. Siendo Nikola Tesla el principal abanderado de estos números.

Tal y como pudo comprobar en mi libro anterior, es bien cierto que los 3, 6 y 9 realmente si que son de cualidades sorprendentes. Siendo tan llamativa como sencilla la que descubrí después de publicar el libro "Los Números de la Flor de la Vida. La Clave 3-6-9" y ésta es cómo los Números Téslicos son capaces de generar el resto de números naturales, del 1 al 9.

El modo para ello es lo que explico a continuación:

Primero observamos los números 3, 6 y 9 y los superponemos uno encima de otro, se trata de una especie de suma visual.

Observemos como se forma una figura al escribir sobre el 3 el 6 y sobre éste el 9, superpuestos, unos encima de otros.

$$3 \quad 6 \quad 9 \;\rightarrow\;$$ 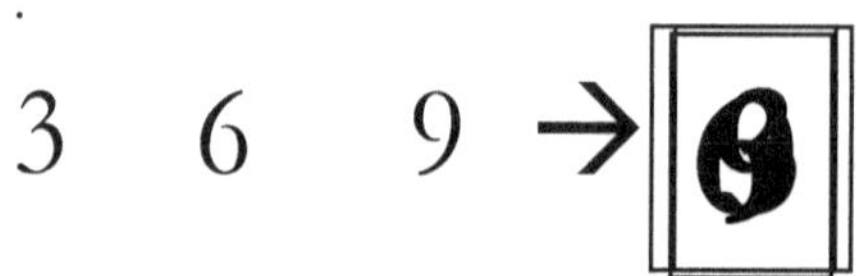

Claramente parece ser que se ha formado el número 8, éste es el número clave para este proceso. Continuemos.

Ahora sumemos de manera pitagórica el 8 al 3, 6 y 9.

(Para los lectores del libro anterior ya saben cómo es este tipo de suma, si no la conoce, se lo explico brevemente, pues será el tipo de cálculos que encontrará en el libro).

La suma pitagórica consiste en llegar a la raíz de uno o varios números mediante la suma, por ejemplo, la raíz de 24 es 6 porque 2+4=6, del mismo modo 24+132 es igual al 2+4+1+3+2=12 y de nuevo 1+2=3. Este es el modo por el cual se efectúa la suma pitagórica. Si volvemos a la suma anterior también se puede decir que 24+132=156→ 1+5+6=12 → 1+2=3.

A partir de ahora para la suma pitagórica usaré en ocasiones el símbolo de sumatorio más una P subíndice, es decir: $\sum_P$

Volvamos por donde lo dejamos, habíamos obtenido el número 8 y éste mediante suma pitagórica había que sumarlo a los 3, 6 y 9. Veamos que ocurre:

12

$3+8=11 \rightarrow 1+1=2$

$6+8=14 \rightarrow 1+4=5$

$9+8= 17 \rightarrow 1+7=8$

Bien, nada sorprendente por ahora, pero continuemos. Ahora los números obtenidos mediante suma pitagórica los volveremos a sumar pitagóricamente a 8.

$2+8=10 \rightarrow 1+0=1$

$5+8=13 \rightarrow 1+3=4$

$8+8=16 \rightarrow 1+6=7$

Y ahora si ordenamos todos los resultados de menor a mayor vemos que están todos los números naturales del 1 al 9.

Pero, un momento. Los números 3, 6 y 9 ya estaban escritos desde el principio.

Y aquí es cuando la magia de los 3, 6 y 9 hacen su número final. Volvamos a sumar pitagóricamente los últimos resultados al número 8.

$1+8=9$

$4+8=12 \rightarrow 1+2=3$

$7+8=15 \rightarrow 1+5=6$

Y así obtenemos los 3, 6 y 9. Si volviéramos a sumar los resultados al número ocho, esto se convertiría en un bucle sin fin, una espiral, un concepto que tanto recuerda al origen de toda esta investigación.

No quiero adelantar nada de lo que leerá y verá conforme avance en el libro, pero recuerda los conjuntos de números que se han obtenido y que también aparecían en la primera parte "Los Números de la Flor de la Vida. La Clave 3-6-9".

Estos conjuntos son los siguientes separados por corchetes: [2,5,8], [1,4,7] y [3,6,9].

Como comprobará más adelante estos conjuntos son muy importantes para el sistema de Números Téslicos. En la primera parte, en el primer libro "Los Números de la Flor de la Vida. La Clave, 3-6-9" estos números aparecían varias veces y dejaban intuir que eran importantes, que ocultaban algo. Conocer el sentido, el por qué y el significado de los Números Téslicos se me escapa al día de hoy, pero en este libro comprenderá cosas que se mostraban en el primero, que las casualidades de los Números Téslicos se corresponden con unas matématicas que se están comenzando a estudiar, son las llamadas matemáticas vorticiales, y eso es lo que tiene entre sus manos, eso es lo que leyeron los lectores de "Los Números de la Flor de laVida. La Clave 3-6-9". Sólo que mis libros se centran en las matemáticas vorticiales de los números de Nikola Tesla, los 3, 6 y 9.

Me decidí a escribir el anterior libro porque aparte de todo lo que contiene me pareció muy interesante la relación de los Números Téslicos con el milenario símbolo de la Flor de la Vida. Desde que lo publiqué he dedicado parte de mi tiempo a seguir el camino de los 3, 6 y 9 sin dejar de investigar, pero no obtenía nada relevante, era más de lo mismo, sencillas formas de conseguir los 3, 6 y 9 y que de un modo u otro eran similares a las descritas en "Los Números de la Flor de la Vida. La Clave 3-6-9", por lo que no me llamaban especialmente la atención. Hasta que un día de esos en los que me encontraba sumergido en la investigación de los 3, 6 y 9 descubrí algo revelador, y esto fue el motivo que me impulsó a escribir esta segunda parte, se trataba de una constante, una constante que da sentido a muchos procesos del primer libro, y así la denominé La Constante Téslica en memoria del inventor y científico Nikola Tesla.

Capítulo 2

LA MATRIZ DE BRUNO

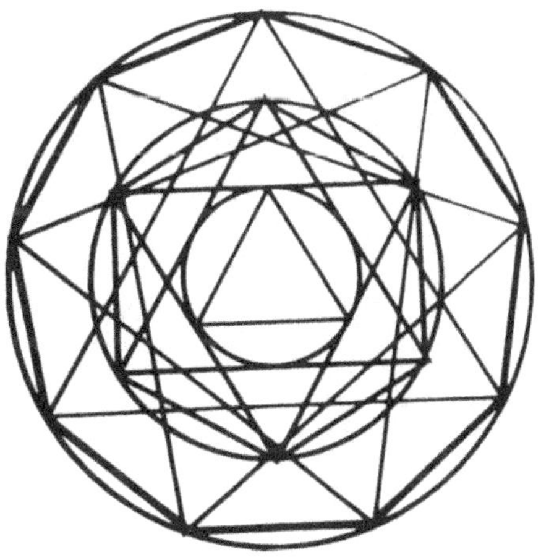

Fue a raíz de publicar "Los Números de la Flor de la Vida. La Clave 3-6-9" cuando contactó conmigo un chico de Uruguay que luego se convertiría en un buen amigo, su nombre es Bruno Barboza.

Bruno aún no había leído el primer libro, pero si había visto en internet la presentación del mismo, y por lo que me contaba comprendía perfectamente lo que el libro contenía, varias fueron las conversaciones sobre las sumas pitagóricas.

Un día, el 20 de Julio de 2013 me envió un email donde se podía sentir su entusiasmo por lo que me iba a contar.

"Hola, Miguel Ángel ¿Cómo estás?" así comenzaba el cuerpo de texto de su email. Seguidamente comenzaba a relatarme que él no se conformaba con una simple suma pitagórica, que él entendía que los sucesos de la vida tenían una correspondencia numérica y que estos se repetían una y otra vez como de un bucle o vórtice fractal se tratase.

Él había decidido experimentar a sumar pitagóricamente los números naturales una y otra vez entre si mismos, allá por 1999, del mismo modo que yo lo hice en el ejercicio que realicé en la presentación de mi anterior libro y que se corresponde con lo que acaba de leer en el Capítulo 1 "Lo visual como guía".

A Bruno se le ocurrió dibujar una matriz de rombos y colocar en ella de forma vertical los números naturales, he ir sumando pitagóricamente los números entre sí y a su vez también los resultados, del siguiente modo:

Podemos comprobar que en la columna A están los números 1 y 2 y que si los sumamos dan como resultado 3, y este aparece en la intersección entre la columna B y la fila J. Lo mismo ocurre con los números de la columna B el 1 y el 3, que al sumarlos dan 4 y este se coloca en la intersección entre la columna C y la fila I. Y así sucesivamente. De tal modo que Bruno colocó todos los números naturales de una cifra en la columna A y fue sumando pitagóricamente para obtener la columna B, lo mismo para C, la D, etc.

De este modo obtuvo una matriz de números no exenta de interesantes casualidades y muy relacionada con los números 3, 6 y 9.

Sobre este tipo de matemáticas yo hablo de matemáticas ocultas, pero Bruno prefiere decir que no son utilizadas o que están muy censuradas. Aun así, éstas están comenzando a emerger.

Ahora veamos la matriz numérica que obtuvo Bruno.

(Siguiente página).

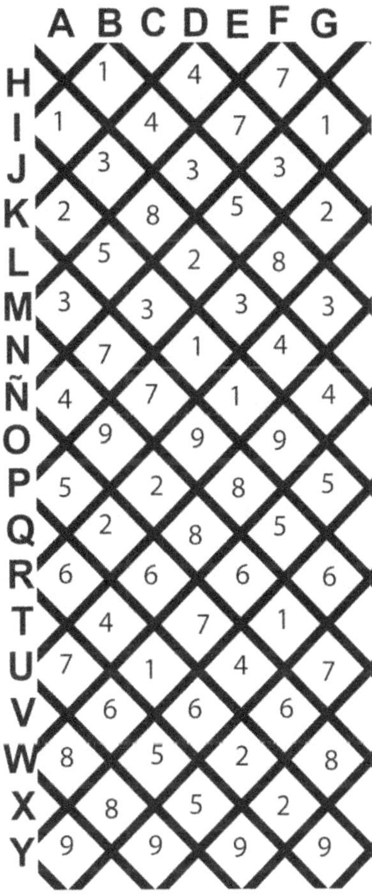

Bruno me explicaba en el email que observaba las siguientes y llamativas coincidencias.

En la columna A dispuso los números naturales de una cifra, y sumando pitagóricamente obtuvo la columna B donde observó que de la fila H a la fila O, aparecían los números impares y que de la fila Q a la fila X aparecían los pares.

Vuelve a sumar y obtiene la columna C en la que observa que aparecen los números del 1 al 9 de forma intercalada, es decir si comenzamos desde arriba del número 4 pasa al 3 saltándonos el número 8, del 3 pasa al 2 saltándonos el número 7. Lo mismo ocurre con los números que saltamos, pasamos del 8 al 7 saltándonos el 3 y así sucesivamente, esta apreciación es compleja de explicar mediante la escritura, pero si observa la columna no tardara en verla.

Bruno vuelve a sumar y obtiene la columna D en la que se observan los números naturales de una cifra ordenados, pero partidos por la mitad de sentido ascendente.

Se vuelve a sumar y obtiene la columna E cuyos resultados son idénticos a la columna B pero en sentido contrario.

Volver a sumar da como resultado la columna F que es igual a la columna C pero también en sentido contrario.

Y finalmente una nueva suma obtiene la columna G que es idéntica a la columna A, vuelven a aparecer los números del 1 al 9 totalmente ordenados.

Por esto, Bruno lo considera una matriz, pues se puede extender como un bucle sin fin.

Bruno, en el email me resalta la aparición de los Números Téslicos, en las filas M, R c Y.

Esto es lo que Bruno pudo observar en su matriz numérica y que seguramente sigue investigando, pero ésta oculta más casualidades, más coincidencias que pude descubrir a raíz de obtener el tema principal de este libro, la Constante Téslica, es por ello que cuando lleguemos al capítulo de la Constante Téslica volveremos a rescatar esta matriz, así como otros cálculos del primer libro que cobrarán sentido al aplicarle la Constante Téslica.

Capítulo 3

MISCELÁNEA DE CASUALIDADES

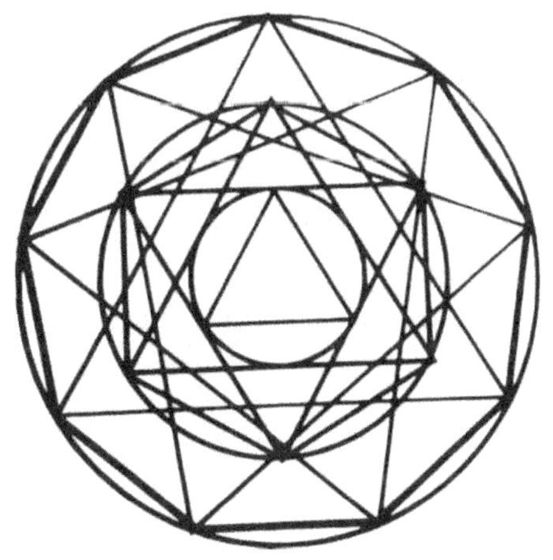

A lo largo de estos últimos años muchas han sido las pruebas y experimentos que he realizado con los números en esta búsqueda de los 3, 6 y 9. Y ha habido de todo, casos de éxito y casos de fracaso, aunque en realidad, los fracasos no son más que el proceso inevitable hacia el éxito, por ello en este capítulo me centraré en esos casos de éxito, qué aunque sean ejercicios inconexos en realidad todos están unidos por los Números Téslicos.

Tengo cantidad de hojas sueltas y libretas repletas de cálculos, pues las ideas de cómo operar con los números se me vienen a la cabeza en los momentos más inesperados, y compruebo los resultados en el primer papel que encuentro a la mano. Aunque intento tenerlo todo ordenado en una libreta con sus respectivas fechas. Pero los 3, 6 y 9 son tan caprichosos que solo se encuentran cuando dejas de buscarlos.

Supongamos los números del 1 al 9 y su correspondencia directa con los números 3, 6 y 9, en ese orden. Aunque cuando veamos la Constante Téslica veremos que realmente no es ese orden, pero en los momentos en lo que me encontraba desarrollando este ejercicio estimaba que el 1 es el 3, el 2 es el 6 y 3 es el 9. Así es que así lo haremos, pero insisto para nada el 1 es el 3, ni el 2 es el 6.

Supongo que lo estipulé así porque el 1 es un impar y el 3 también, el 2 es par y el 6 también, pero por tercera vez, en realidad esto no es así.

No sé, querido lector si le he liado un poco, pero no pasa nada, olvide los últimos comentarios y dejemos que el libro avance por sí mismo, todo cobrará sentido en su momento.

Hablaba de colocar los números del 1 al 9 y debajo de estos los 3, 6 y 9. (N_N →números naturales. N_T →Números Téslicos)

N_N	1	2	3	4	5	6	7	8	9
N_T	3	6	9	3	6	9	3	6	9

Ahora sumemos entre sí los números correspondientes al número 3.

$\sum_P 1+4+7=12; 1+2=3$

El resultado es coincidente, ¿ocurrirá lo mismo con los números correspondientes al número 6 y 9?

Probemos con el 6.

$\sum_P 2+5+8=15; 1+5=6$

Correcto, así es, por lo que se deduce y ya se sabe que con el 9 ocurrirá lo mismo. En todos los cálculos de este libro el lector siempre podrá comprobar los resultados por sí mismo.

Probemos por confirmar con los números del 9.

$\sum_P 3+6+9= 18; 1+8=9$

¿Casualidad? No. Son los caprichos de los Números Téslicos. En el primer libro conoció muchísimos de ellos y en este segundo encontrará aún más.

Volvamos al ejercicio anterior. Pues las casualidades no se quedan ahí.

Hemos sumado los números correspondientes a sus Números Téslicos entre sí obteniendo sorprendentes resultados, pero no sería natural de los 3, 6 y 9 si todo se quedase ahí.

Ahora vamos a sumar los números a su propio Número Téslico correspondiente, comencemos por los del 3.

$\sum P$	1+3=4
	4+3=7
	7+3=10; 1+0=1

Vemos que los resultados vuelven a dar los números originales, el 1, 4 y 7.

Pero claro dentro de la lógica de los 3, 6 y 9 esto nos predice que ocurrirá los mismo con el resto de números. Pero esto no sería matemáticas si no se hicieran comprobaciones. Por lo que, vamos a ello.

Con los números del 6.

$\sum P$	2+6=8
	5+6=11; 1+1–2
	8+6=14; 1+4=5

Efectivamente, los resultados vuelven a ser los mismos que los números originales. Ahora comprobemos los del 9.

$\sum P$	3+9=12; 1+2=3
	6+9=15; 1+5=6
	9+9=18; 1+8=9

Y aquí los obtenemos de nuevo.

A pesar de que después del primer libro el que los números muestren estas propiedades con los 3, 6 y 9 ya no sorprenden tanto, si que es cierto que no se puede evitar sentir esa inquietud de ¿Por qué ocurre esto? ¿Qué nos tratan de decir los números?, y estas preguntas son las que me motivan a seguir buscando más y más.

Los lectores del primer libro saben que para descubrir las casualidades de estos números es básico jugar con ellos. Sigamos jugando con los números anteriores.

Probemos a combinar los números de cada Número Téslico. Es decir, realizar suma pitagórica entre ellos, los del 3 con los del 6.

N_T	3	6	Suma $\sum_P$
N_N	1	2	1+2=3
	4	5	4+5=9
	7	8	7+8=15; 1+5=6

De modo que mediante el proceso de combinación anterior obtenemos los 3, 6 y 9.

Sigamos con otra práctica de coincidencias, en este caso consideramos que el número 5 es el eje o centro de los números del 1 al 9, por ello en la siguiente tabla 6x9 los vértices de ambos triángulos se encuentran en la posición de la columna 5.

6x9	1	2	3	4	5	6	7	8	9
1	2	3	4	5	6	7	8	9	10 $\Sigma_P\,1$
2	3	4	5	6	7	8	9	10 $\Sigma_P\,1$	11 $\Sigma_P\,2$
3	4	5	6	7	8	9	10 $\Sigma_P\,1$	11 $\Sigma_P\,2$	12 $\Sigma_P\,3$
4	5	6	7	8	9	10 $\Sigma_P\,1$	11 $\Sigma_P\,2$	12 $\Sigma_P\,3$	13 $\Sigma_P\,4$
5	6	7	8	9	10 $\Sigma_P\,1$	11 $\Sigma_P\,2$	12 $\Sigma_P\,3$	13 $\Sigma_P\,4$	14 $\Sigma_P\,5$
6	7	8	9	10 $\Sigma_P\,1$	11 $\Sigma_P\,2$	12 $\Sigma_P\,3$	13 $\Sigma_P\,4$	14 $\Sigma_P\,5$	15 $\Sigma_P\,6$

A primera vista se observa una geometría numérica en las diagonales en las que los números del 1 al 9 se vuelven cíclicos y sus posiciones concuerdan con las filas y columnas en las que se encuentran.

Pero no es eso lo que quiero mostrar. Para ello marquemos ambos triángulos con vértices en la columna 5.

6x9	1	2	3	4	5	6	7	8	9
1	2	3	4	5	6	7	8	9	10 $\sum_P 1$
2	3	4	5	6	7	8	9	10 $\sum_P 1$	11 $\sum_P 2$
3	4	5	6	7	8	9	10 $\sum_P 1$	11 $\sum_P 2$	12 $\sum_P 3$
4	5	6	7	8	9	10 $\sum_P 1$	11 $\sum_P 2$	12 $\sum_P 3$	13 $\sum_P 4$
5	6	7	8	9	10 $\sum_P 1$	11 $\sum_P 2$	12 $\sum_P 3$	13 $\sum_P 4$	14 $\sum_P 5$
6	7	8	9	10 $\sum_P 1$	11 $\sum_P 2$	12 $\sum_P 3$	13 $\sum_P 4$	14 $\sum_P 5$	15 $\sum_P 6$

33

He resaltado los dos triángulos o flechas una en cursiva y fileteado con bordes gruesos y la otra en negrita con números blancos y sombreado negro.

Ahora realicemos una suma pitagórica por separado de cada flecha, para los números de dos dígitos usare su número raíz ya que esto no altera el resultado.

$2+4+6+8+1+1+1+1+1=25$; $\sum_p 2+5=\mathbf{7}$

$7+7+7+7+7+9+2+4+6=56$; $\sum_p 5+6=11$; $1+1=\mathbf{2}$

Ahora si sumamos ambos resultados obtenemos el número 9.

$7+2=9$

El resultado es uno de los Números Téslicos, pero no cualquiera, porque el 9 dentro de las sumas pitagóricas tiene un comportamiento curioso y que descubrí cuando realicé esta tabla, ¿Cuál es su comportamiento?

Esto tal vez debería estar en un capítulo específico para ello, pero el libro se estructura según cronología de descubrimientos.

No puedo esclarecer esta curiosidad del nueve sin antes hablar de "el alfa y el omega", estas son las primera y última letra del alfabeto griego, siendo el "el alfa y el omega" uno de los nombres de Dios para los griegos, es decir, el principio y el fin, el primero y el último, la nada y el todo.

Pues eso es el 9, la nada y el todo porque 9=0 y 0=9, siempre y cuando nos movamos en sumas pitagóricas.

Por ejemplo:

$$\sum_{P} 21 + 49 = 70 = 7$$

Ahora realicemos el mismo cálculo, pero eliminando el número 9, es decir convirtiendo éste a 0 o no escribiéndolo.

$$\sum_{P} 21 + 4 = 7$$

Es por ello que de ahora en adelante en algunas ocasiones no tendré en cuenta el número 9 en las sumas pitagóricas, pues su presencia nada altera el resultado.

El número 9 en las sumas convencionales tiene un valor, pero en las sumas pitagóricas no tiene ninguno, el todo y la nada.

Aclarada esta cuestión sobre el número 9 continúo con otras coincidencias.

Volviendo a la tabla anterior ahora procederemos a sumar pitagóricamente los números de los triángulos, pero según su columna.

	2+7	4+7	6+7	7+8	7+10	9+10	10+11	10+13	10+15
$\sum$	9	11	13	15	17	19	21	23	25
$\sum_{P}$	9	2	4	6	8	1	3	5	7

Estos resultados ya aparecieron en el primer libro, dónde a parte del 9, 6 y 3 también observamos que en los números intermedios se puede operar.

$\sum_{P}$ 2+4=**6**

$\sum_{P}$ 8+1=**9**

$\sum_{P}$ 5+7=12; 1+2=**3**

Desde el primer libro el número cinco ha aparecido varias veces relacionado con los Números Téslicos, por lo que, tratando de indagar un poco más en ello, diseñé una tabla donde el número cinco era el regente. En ella dispuse hasta el número cinco, pero reflejado, siendo el eje el número 1, y a su vez la combiné con los resultados de la tabla anterior, para proceder así a una suma pitagórica.

	5	4	3	2	1	2	3	4	5
	9	2	4	6	8	1	3	5	7
$\sum_P$	5	6	7	8	9	3	6	9	3

A simple vista observamos que a la derecha del centro aparecen en los resultados los Números Téslicos y a la izquierda los números del 5 al 8 consecutivos.

Pero aún hay más que aún no revelaré, pues recuperaré esta tabla en el capítulo de la Constante Téslica más adelante.

Sigamos con nuevas coincidencias. Si leíste el primer libro recordarás que todo comenzó con un sueño en el que se me mostró una espiral llena de números, y que ésta estaba estructurada según una esfera horaria de reloj. Es por ello que el buscar casualidades en las esferas de reloj sea algo recurrente en mí de vez en cuando. Y de ello trata la siguiente casualidad. Pues muchas veces me pregunto si los 3, 6, 9 tienen que ver directamente con el concepto de tiempo.

Recordemos aquella espiral del primer libro, pero le vamos a dar una vuelta más, por lo que serán 3 vueltas de reloj en la espiral.

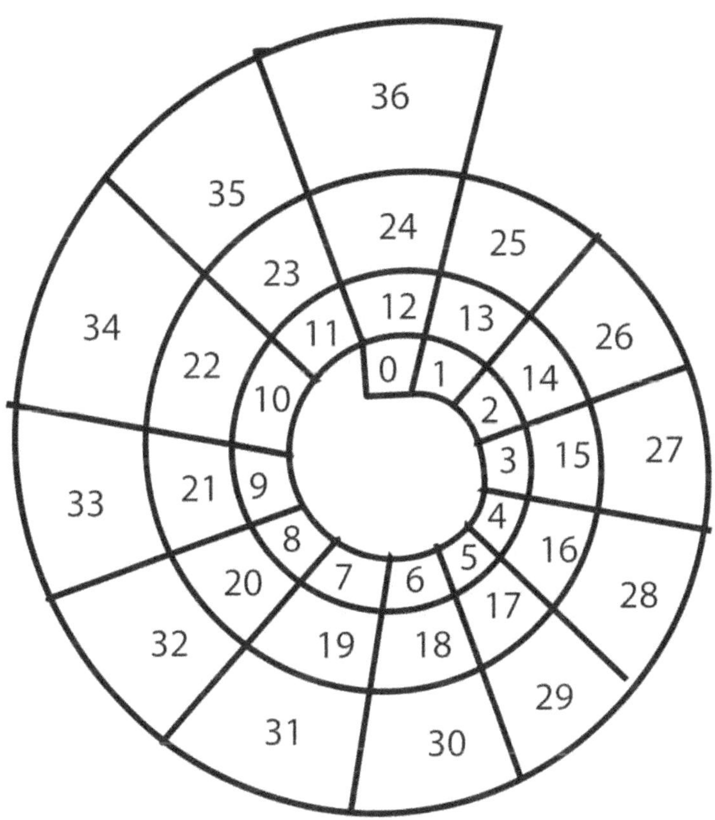

Como recordará del primer libro, esta espiral representa una esfera de reloj, pues en sus segmentos donde son las 2 son las 14 y así sucesivamente, pero en este caso he añadido el valor téslico a través del número 3, es decir 3 vueltas, por ello no acaba en 24 sino en 36.

Dando por hecho que es un reloj espiral de tres vueltas, observe que ocurre si restamos los números integrados en cada segmento radial de la espiral. Procedamos.

25-13-1=11

26-14-2=10

27-15-3=9

28-16-4=8

29-17-5=7

30-18-6=6

31-19-7=5

32-20-8=4

33-21-9=3

34-22-10=2

35-23-11=1

36-24-12=0

Ahora según estos resultados donde antes se ubicaba la 1 ahora se ubican las 11 y donde estaban las 2 ahora están las 10, lo que ha ocurrido es que la esfera de reloj se ha dado la vuelta, se ha invertido.

Tal vez lo observe y compruebe mejor en la siguiente esfera de resultados.

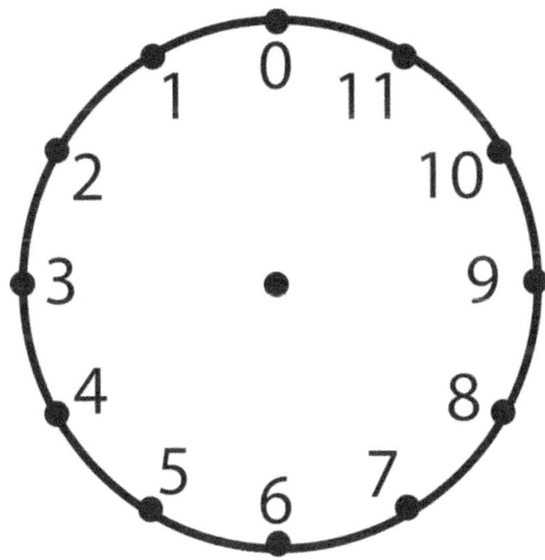

Bien, este es el resultado. Pero que ocurre si sumamos esta esfera a una que vaya al derecho. Esta suma la realizaré mediante gráficos para que se observe mejor el resultado.

Pues como dije al principio en muchas ocasiones lo visual, lo gráfico, ayuda a comprender los no tan inesperados movimientos de los Números Téslicos.

Y la verdad, por otro lado, conforme recopilo información descubierta de mi libreta para escribir este libro no puedo evitar ver nuevas casualidades gracias a la Constante Téslica. Pero claro, cuando descubrí lo que estoy contando ahora aún no la conocía. Por ello cuando llegue a la Constante Téslica recuperaré algunos ejercicios para analizarlos bajo la Constante Téslica.

Pero ahora vayamos a esa suma gráfica de las esferas de reloj.

(Siguiente página).

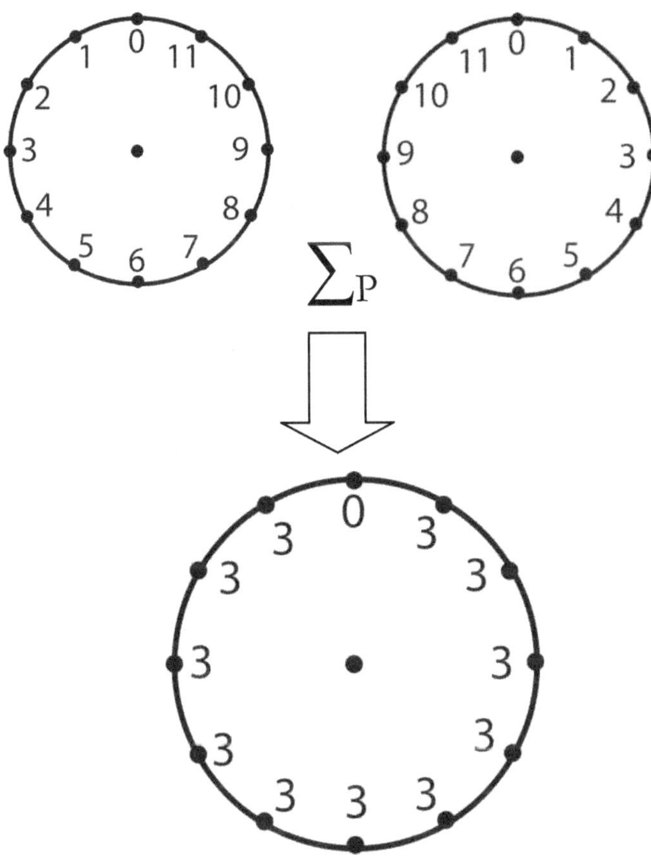

La esfera de resultado es el número 3 para cada hora. Curioso ¿Verdad?

Sigamos con nuevas coincidencias. Volvamos a una esfera de reloj, en este caso mantengo en el interior las horas y en el exterior los minutos. Trabajaremos dos esferas una hasta las 12 horas y otro hasta las 24.

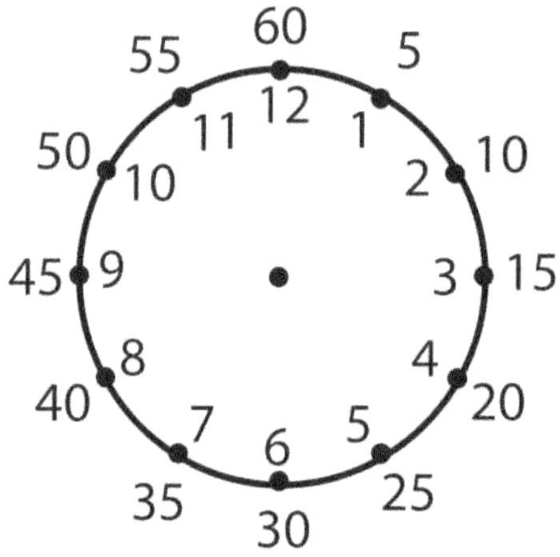

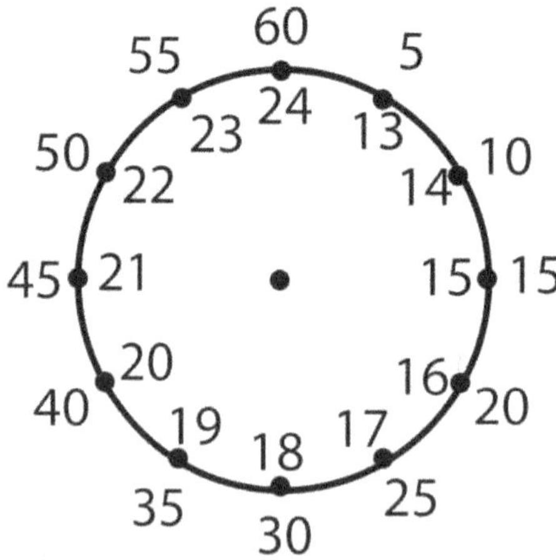

¿Cómo procedemos con los números de las esferas? Pues procedemos sumando la hora a su minuto correspondiente.

Primera esfera:

$\sum_{P}$ 1+5=6

$\sum_{P}$ 2+10=3

$\sum_{P}$ 3+15=9

$\sum_{P}$ 4+20=6

$\sum_{P}$ 5+25=3

$\sum_{P}$ 6+30=9

$\sum_{P}$ 7+35=6

$\sum_{P}$ 8+40=3

$\sum_{P}$ 9+45=9

$\sum_{P}$ 10+50=6

$\sum_{P}$ 11+55=3

$\sum_{P}$ 12+60=9

Muy curioso que vuelvan a aparecer los Números Téslicos. Es inevitable pensar que los 3, 6 y 9 rigen desde las sombras el resto de números, y especialmente a los de la esfera de un reloj, la que usamos para medir el tiempo.

Para continuar con el proceso de este ejercicio procedemos a calcular los resultados de la segunda esfera, de la cual espero resultados similares a la primera esfera. Pues vayamos a ello.

$$\sum_{P} 13+5=9$$

$$\sum_{P} 14+10=6$$

$$\sum_{P} 15+15=3$$

$$\sum_{P} 16+20=9$$

$$\sum_{P} 17+25=6$$

$$\sum_{P} 18+30=3$$

$$\sum_{P} 19+35=9$$

$$\sum_{P} 20+40=6$$

$$\sum_{P} 21+45=3$$

$$\sum_{P} 22+50=9$$

$$\sum_{P} 23+55=6$$

$$\sum_{P} 24+60=3$$

En los resultados los Números Téslicos cambian de orden, pero siguen apareciendo.

Pero la esfera horaria esconde una curiosidad más. El día tiene 24 horas (2+4=6), por lo tanto, son dos vueltas a la esfera de 12 horas (1+2=3), y eso es lo que vamos a hacer, sumar doblemente los minutos marcados por las horas. Es decir, si en la hora 1 corresponde a 5 minutos, entonces sumariamos 5+5, veamos que ocurre.

$$\sum_P 5+5=1$$
$$\sum_P 10+10=2$$
$$\sum_P 15+15=3$$
$$\sum_P 20+20=4$$
$$\sum_P 25+25=5$$
$$\sum_P 30+30=6$$
$$\sum_P 35+35=7$$
$$\sum_P 40+40=8$$
$$\sum_P 45+45=9$$
$$\sum_P 50+50=1$$
$$\sum_P 55+55=2$$
$$\sum_P 60+60=3$$

Observamos que mediante suma pitagórica se corresponden los minutos con la hora según resultados, pero que en los minutos 50, 55 y 60, no. Pero en realidad observemos que ocurre sin suma pitagórica.

$50+50=100$

$55+55=110$

$60+60=120$

Por lo ello si quitamos un cero en los resultados, si se obtienen las 10, las 11 y las 12.

Capítulo 4
LA CONSTANTE TÉSLICA

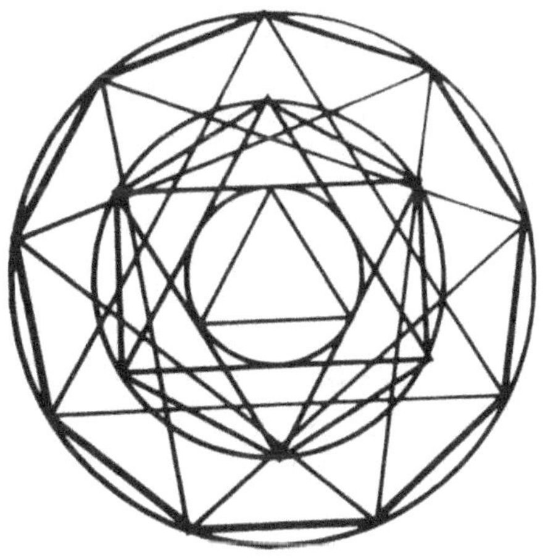

Aunque en el libro no especifico la fecha de cada hallazgo, ha pasado casi un año desde el del último capítulo, pues me llegué a cansar de los 3, 6 y 9, pues como dije anteriormente todo era más de lo mismo, combinaciones mediante suma pitagórica que daban como resultado los Números Téslicos, para mí todo carecía de sentido, pues no era nada tangible, no dejaban de ser meras curiosidades sin aplicación alguna, pero sin desmerecer que alguna verdad oculta escondían y que estaba comenzando a ser desvelada.

Es por ello que me olvidé durante un buen tiempo de los 3, 6 y 9, para mí se había convertido en una frustración, no me llevaban a ningún lado, eran cíclicos, y cuando uno da varias vueltas a lo mismo se acaba cansando, no había nada más allá.

Pero entonces comenzó a ocurrir algo diferente, a día de hoy 5/6/2017 hacía ya unos 6 meses que cada vez que me detenía a mirar la hora en el móvil, o caminando por la calle en los relojes públicos, en la cinta de correr de gimnasio, etc.

En cada sitio en los que había número ahí aparecían los Números Téslicos, como si de un código del tipo 11:11 fuese, miraba el reloj y por ejemplo eran las12:36, es decir 3:36, y así una y otra vez, y aún continúa a día de hoy.

Yo había decidido olvidarme de los 3, 6 y 9 pero entonces estos comenzaron a aparecer en mi vida de esta forma tan curiosa, algo me estaba indicando de algún modo que no los diera de lado, que no me olvidase de ellos, que siguiera con paciencia investigando y jugando con ellos.

De este modo cada vez que veía números en algún lado ahí estaban ellos. Y así fue como me dieron la pista para llegar a la Constante Téslica.

Eran pasadas las 12 de la noche, estaba con mi portátil mirando mis redes sociales cuando me entró sueño y decidí apagar el ordenador, pero de repente, al sistema operativo le dio por descargar actualizaciones. Y yo con el sueño que tenía me tocaba esperar que se descargasen 366 actualizaciones.

Esto iba a ser infinito, pero por suerte iban rápido, me quedé perdido en mis pensamientos, cuando me da por mirar por que actualización iba y ponía: "descargando 24 de 366 actualizaciones", y me dije, otra vez ahí los Números Téslicos, ¿por qué me insisten tanto?, cuando se me vino un pensamiento, y este era que esos números eran un intervalo, es decir de 24 a 366.

"Mucha, demasiada casualidad, que con el sueño y las ganas de acostarme que tengo ahora me salgan estos números", pensé.

Algo me querían decir. Cogí mi libreta y los apunté, no tardé en darme cuenta que no eran dos números sino 3 si contamos con los que van de uno a otro, es decir la diferencia del mayor con el menor.

Y casi sin pensar sabía cómo debía operar con ellos. Sabía lo que tenía que hacer, de un modo u otro fue instantáneo, esto era sorprendente para mí, no había terminado de escribir los números cuando de forma automática comencé a operar con ellos. Y aunque es un proceso sencillo, es un poco complicado de explicar por escrito la operación. Pero trataré de explicarla lo mejor posible, además de disponer para usted varios ejemplos que nos llevarán a la Constante Téslica.

Primeramente, procederé a explicarlo por escrito, después pondré los ejemplos.

Cogemos dos números al azar, de este modo existe un intervalo entre ellos. Calculamos el que van entre ellos, es decir, la diferencia entre el número mayor y el número menor. Esa diferencia se suma por separado a ambos números del intervalo, el resultado de ambos cálculos se suma entre sí, mediante suma pitagórica, esto no dará un número de una cifra. Este número se vuelve a sumar por separado a los dos resultados de la primera suma. Los resultados de estas últimas sumas se suman entre sí y se reduce mediante suma pitagórica.

Veámoslo ahora con letras:

Dado un número A y un número C, siendo su intervalo B:

A+B=D

C+B=E;

$\sum_P$ D+E=F;

D+F=G

E+F=H;

$\sum_P$ G+H=I.

Este es el proceso de cálculo, ahora veámoslo con los números que vi en la descarga de actualizaciones del sistema operativo.

Los números son 24 y 366, y su intervalo es 342.

336-24=342

Una vez obtenidos estos tres números procedamos a calcular.

24+342=366

366+342=708;

$\sum_P$ 366+708=1074=12=3;

366+3=369

708+3=711;

$\sum_P$ 369+711=1080=9

Sí, el último resultado era un 9, pero no me sorprendía porque desde los números primeros estaba trabajando con Números Téslicos y tal y como quedó claro en el primer libro, los cálculos con Números Téslicos siempre van a dar como resultado los Números Téslicos.

Por lo que me dispuse a trabajar con otros números al azar. A continuación, dispondré de seguido todos los ejercicios que realice con esta fórmula de cálculo.

Pues todos ellos y cada uno de ellos son necesarios para comprender como se llega a la Constante Téslica.

Ejemplo1

Números 25 y 47, intervalo 22.

$25+22=47$

$47+22=69;$

$\sum_{P} 47+69=8;$

$47+8=55$

$69+8=77;$

$\sum_{P} 55+77=6$

Ejemplo 2

Números 7 y 13, intervalo 6

$7+6=13$

$13+6=19;$

$\sum_P 13+19=5;$

$13+5=18$

$19+5=24;$

$\sum_P 18+24=6$

Ejemplo 3

Número 8 y 23, intervalo 15

$8+15=23$

$23+15=38;$

$\sum_P 23+38=7;$

$23+7=30$

$38+7=45;$

$\sum_P 30+45=3$

Ejemplo4

Números 1981 y 2017, intervalo 36

1981+36=2017

2017+36=2053;

$\sum_P$ 2017+2053=2

2017+2=2019

2053+2=2055;

$\sum_P$ 2019+2055=6

Ejemplo 5

Números 43 y 44045, intervalo 44002

43+44002=44045

44045+44002=88047;

$\sum_P$ 44045+88047=8;

44045+8=44053

88047+8=88055;

$\sum_P$ 44053+88055=6

Ejemplo 6

Números 53 y 33548, intervalo 33495

53+33495=33548

33548+33495=67043;

$\sum_P$ 33548+67043=7;

33548+7=33555

67043+7=67050;

$\sum_P$ 33555+67050=3

Ejemplo 7

Número 8 y 47828, intervalo 47820

8+47820=47828

47828+47820=95648;

$\sum_P$ 47828+95648=7;

47828+7=47835

95648+7=95655;

$\sum_P$ 47835+95655=3

Ejemplo 8

Números 21 y 4318, intervalo 4297

21+4297=4318

4318+4297=8615;

$\sum_P$ 4318+8615=9;

4318+9=4327

8615+9=8624;

$\sum_P$ 4327+8624=9

Ejemplo 9

Números 15 y 72163, intervalo 72148

15+72148=72163

72163+72148=144311;

$\sum_P$ 72163+144311=6;

72163+6=72169

144311+6=144317;

$\sum_P$ 72169+144317=9

¡Increíble!, eso pensé, todos los resultados finales eran Números Téslicos. Sin darme cuenta había hallado la fórmula para extraer el Número Téslico de un intervalo. Me costaba creerlo tanto que los cálculos realizados, me parecían pocos, ¿Y si todo era fruto de la casualidad? Necesitaba seguir comprobándolo por lo que me dispuse a realizar nuevos cálculos con intervalos. También los pongo a su disposición en las siguientes páginas pues son necesarios para comprender la Constate Téslica.

Ejemplo 10

Números 5 y 4886, intervalo 4881

$5+4881=4886$

$4886+4881=9767;$

$\sum_{P} 4886+9767=1;$

$4886+1=4887$

$9767+1=9768;$

$\sum_{P} 4887+9768=3$

Ejemplo 11

Números 49 y 3494, intervalo 3445

49+3445=3494

3494+3445=6939;

$\sum_P$ 3494+6939=2;

3494+2=3496

6939+2=6941;

$\sum_P$ 3496+6941=6

Pues sí, estos cálculos dan como resultado, siempre los Números Téslicos. Pero me preguntaba una cosa. Hasta ahora he utilizado números al azar y con pocas o muchas cifras, pero ¿Y si realizo los cálculos reduciendo pitagóricamente desde el principio? ¿Llegaré a los mismos resultados?

Me dispuse a ello. Pero sabía de antemano que cuando se reduce pitagóricamente un número que era el menor en el intervalo puede llegar a ser el mayor tras la reducción, por ello para evitar números negativos, los reordenaría para que a la hora de calcular el intervalo siempre fuese el mayor menos el menor.

Ejemplo A

Números 43 y 90572, intervalo 90529.

La reducción de los dos primeros números serían 7 y 5, y para calcular el nuevo intervalo reordenamos y restamos

7-5=2,

(Importante: la reducción del intervalo 90529 es 7, pero al obtenerla tras la reducción de los dos primeros números sale el 2, ¿Son distintos? Sí a simple vista, pero no con la visión de la Constante Téslica, recuerde estos números, el 2 y el 7, pronto descubrirá que no son tan distintos como parecen.) Continuemos.

Por lo que los números serían:

Números 5 y 7, intervalo 2.

5+2=7

7+2=9;

$\sum_P$ 7+8=7;

$\sum_P$ 7+7=5

$\sum_P$ 9+7=7;

5+7=3

Ejemplo B

Números: 14 y 4580, intervalo 4566

Reducción: 5 y 8, intervalo 3

$5+3=8$

$\sum_P 8+3=2;$

$\sum_P 8+2=1;$

$8+1=9$

$2+1=3;$

$\sum_P 9+3=3$

Pues sí, siguen saliendo los Números Téslicos. ¿Pero los resultados finales son los mismos que si se hubiese calculado con los números originales? Le respondo. Si. Son idénticos.

Por ello le invito a que tome lápiz y papel y detenga un momento la lectura para comprobar el resultado final con los números originales, o utilice el intervalo de números que usted desee para calcular con y sin reducción pitagórica.

Pero ¿Por qué siempre aparecen los 3, 6 y 9? Debe haber un patrón, me dije a mi mismo. Y me dispuse a encontrarlo observando meticulosamente los cálculos.

Para ello pensé que lo mejor era plantear una tabla donde pudiese observar bien todos los números implicados, pero claro si utilizaba los números originales para la tabla me iba a costar verlo con claridad, por ello pensé en reducirlos todos pitagóricamente, ya que de esta manera sería más sencillo de observar, crear una especie de microcosmos numérico a partir del macrocosmos de los números utilizados. Ir al detalle directamente, ver la raíz de todo, el origen.

La tabla que plantee es la que sigue. La reducción es directa a los números originales. Es una tabla resumen de los ejercicios anteriores y aunque en la columna "Número menor" aparezcan números mayores y viceversa con la de "Número mayor" es porque se tiene en cuenta los números originales, es decir, obsérvese primera fila donde (Número menor es 7 y número mayor es 2) y es por ello, por estos son los números de la reducción de sus números originales que son (Número menor **25**=(7) y número mayor **47**=(2)), igual ocurre con los intervalos. (Tabla en la siguiente página).

Ejemplo	Número menor	Número mayor	Intervalo	resultado
1	7	2	4	6
2	7	4	6	6
3	8	5	6	3
4	1	1	9	6
5	7	8	1	6
6	8	5	6	3
7	8	2	3	3
8	3	7	4	9
9	6	1	4	9
10	5	8	3	3
11	4	2	7	6
A	5	7	2	3
B	5	8	3	3

Tras plantear esta tabla le invito a que la observe y busque las casualidades antes de seguir leyendo. Pues a continuación las expondré y llegaremos a la Constante Téslica.

Tras observar la tabla me di cuenta que en los números menores había un patrón, pues cada vez que salía 7 el resultado era 6, cada vez que salía un 9 el resultado era 3, y lo mismo con otros números, por lo que con estos datos planteé la siguiente nueva tabla, dónde en la fila primera puse los números naturales y en la segunda fila dispuse los resultados relacionados, según los datos de la anterior tabla.

N_N	1	2	3	4	5	6	7	8	9
Resultados	6		9	6	3	9	6	3	

Esta es la tabla que completé dónde claramente hay un patrón, pero faltaban dos huecos por rellenar, pero estaba claro que al 2 le correspondía el 3, y al nueve le correspondía el 9. Aun así, quise comprobarlo con el cálculo de los intervalos, pero con números sencillos.

Para el n°2:

Números 2 y 7, intervalo 5

$2+5=7$

$7+5=12;$

$\sum_P 7+12=1;$

$7+1=8$

$12+1=13;$

$\sum_P 8+13=3$

Para el nº9:

Números 9 y 17, intervalo 8

9+8=17

17+8=25;

$\sum_P$ 17+25=6;

17+6=23

25+6=31;

$\sum_P$ 23+31=9

Pues comprobado queda, esos eran los números que faltaban. Por lo tanto, se puede hablar ya de que es una constante, la Constante Téslica. Por lo que a partir de ahora disponemos de tres tipos de números, los Números Naturales (N_N), los Numeros Téslicos (N_T) y de estos emergen los números de la Constante Téslica (C_T) y esta constante es la de la siguiente tabla.

N_N	1	2	3	4	5	6	7	8	9
C_T	6	3	9	6	3	9	6	3	9

Con esta tabla es fácil saber cuál es el Número Téslico de un intervalo con tan sólo reducir pitagóricamente el número menor, sin tener que pasar por todos los cálculos explicados anteriormente.

Usted encontrará esta tabla en la última hoja de este libro para que le sea fácil acceder a ella y consultarla con facilidad.

Ahora, esta investigación toma un color diferente, pues la Constante Téslica abre la puerta a nuevas formas de entender los números de Nikola Tesla.

Capítulo 5
EN EL SENDERO DE LA CONSTANTE TÉSLICA

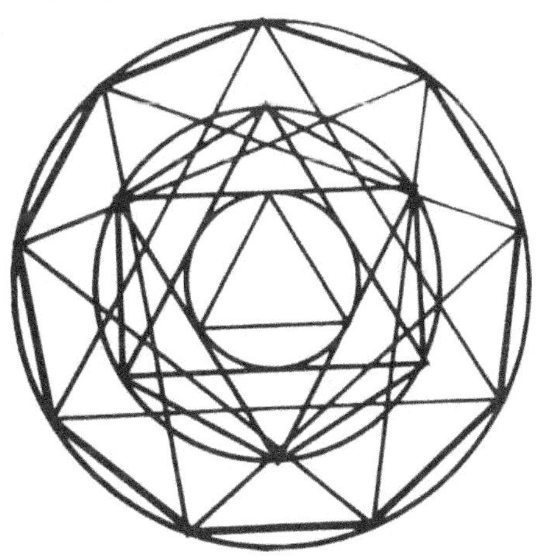

Antes de continuar caminando por el nuevo sendero encontrado, me gustaría volver por unos instantes a que nueve es igual a cero.

Pensemos en los números naturales más allá de nueve, es decir el 10, 11, 12, etc.

Me llama mucho la atención el 10, 20, 30, etc, pues es como si ese 9 cediese su valor 0 a la cuenta que comienza de nuevo, formándose de esa forma el número 10, pues parece que se forma gracias a que el nueve cede su valor 0 al número 1 dando lugar al 10.

Creo que los números encierran tantos enigmas aún por descubrir que lo veo comparable a todo un universo por conocer.

Descubrir la Constante Téslica para mí ha sido de gran satisfacción después de tantas situaciones con los 3, 6, 9 que no me llevaban a ningún lado, pero tal vez ahora debería llamarlos los 6, 3, 9, pero bueno por ahora seguirán siendo los 3, 6 y 9.

Decidido a indagar más sobre la Constante Téslica, me dispuse a buscar nuevas coincidencias y lo primero que se me ocurrió era la suma los Números Naturales a su Constante Téslica.

N_N	1	2	3	4	5	6	7	8	9
C_T	6	3	9	6	3	9	6	3	9
$\sum_P$	7	5	**3**	1	8	**6**	4	2	**9**

Como primera observación, da de nuevo todos los Números Naturales. Pero que además si nos fijamos columna a columna vemos que el resultado de la suma pitagórica se corresponde con la Constante Téslica, es decir, por ejemplo, fijémonos en la primera columna. Tenemos el 1 y su constante es el 6, tras la suma obtenemos el 7 cuya constante sigue siendo 6, es decir, que dan como resultado a los números de su grupo según Constante Téslica.

Además, esa secuencia de números, el resultado le resultará familiar, pues ya apareció en el segundo capítulo de mi primer libro "Los Números de la Flor de la Vida. La Clave 3-6-9", el capítulo se llama "La espiral del tiempo". En las últimas tablas de ese capítulo donde sumo pitagóricamente las horas según esfera horaria aparecieron esos resultados, recupero esa tabla a continuación. También se llegó a los mismos resultados en el Capítulo 3 este mismo libro, el que tiene ahora entre sus manos.

horas	24	23	22	21	20	19	18	17	16	15	14	13
horas	12	11	10	9	8	7	6	5	4	3	2	1
$\sum_P$	9	7	5	3	1	8	6	4	2	9	7	5

Volvamos a fijarnos en la tabla de la Constante Téslica y fijémonos de nuevo en lo visual, en las formas, veamos.

A mí me parece muy curioso, pero el grafismo de Números Naturales, son similares según su Constante Téslica. Observémoslo por separado:

N_N	1	4	7
C_T	6		

Como podemos observar los números que se corresponden con el 6 son de morfología de líneas rectas y muy similares entre si.

N_N	2	5	8
C_T	3		

Los números que se corresponden con el número 3 también son similares pues el 5 es el 2 invertido y el 8 es la unión visual de ambos.

N_N	3	6	9
C_T	9		

Y en los Números Téslicos el 6 es el inverso del 9 y el 3 la diferencia o una extraña combinación visual de ambos.

De algún modo u otro, aquella persona que diseñó estos números por primera vez sabía lo que estaba diseñando, nuestros números son de origen arábigo o incluso también hay quien dice que son hindúes, pero es bien cierto que se observen estas casualidades visuales y numéricas.

Con estos números vuelve a ocurrir lo mismo que ocurrió en el Capítulo 3, es decir, si sumamos por separado cada Número Natural a su Constante Téslica volverán a dar los Números Naturales.

$$\sum P \quad \begin{array}{|c|} \hline 1+6=7 \\ \hline 4+6=1 \\ \hline 7+6=4 \\ \hline \end{array}$$

$$\sum P \quad \begin{array}{|c|} \hline 2+3=5 \\ \hline 5+3=8 \\ \hline 8+3=2 \\ \hline \end{array}$$

$$\sum P \quad \begin{array}{|c|} \hline 3+9=3 \\ \hline 6+9=6 \\ \hline 9+9=9 \\ \hline \end{array}$$

En un par de veces en este libro he mencionado que 9 es igual 0 pitagóricamente hablando, por ello pensé un buscar otra forma diferente de comprobarlo. Me preguntaba que ocurriría si realizo los cálculos de los intervalos siendo el número menor un 0.

En teoría debería dar como resultado el número 9. Así es que así lo planteé.

Números 0 y 4, intervalo 4.

0+4=4

4+4=8;

$\sum_P$ 4+8=3;

4+3=7

8+3=11;

$\sum_P$ 7+11=9

Correcto. Daba nueve. Pero no me conformaba con hacerlo una sola vez así es que volví a probar de nuevo.

Números 0 y 5, intervalo 5.

0+5=5

5+5=10;

$\sum_P$ 5+10=6;

5+6=11

10+6=16;

$\sum_P$ 11+16=9

Ahí estaba la prueba, cero es igual a nueve en cálculos pitagóricos.

Pero yo seguía indagando en las nuevas e interesantes posibilidades que me ofrecía la Constante Téslica.

Cualquier número se puede convertir a Números Téslicos mediante la Constante Téslica. Pero estaba seguro que había otras formas de operar. Una de las que hallé es la siguiente.

Pongamos un numero cualquiera y realicemos su reducción pitagórica.

$$\sum_{P} 44045 \rightarrow 4+4+0+4+5=8$$

Ahora saquemos la Constante Téslica del resultado.

$$C_T \, 8=3$$

Seguidamente sumemos las cifras del número original por separado a 3, su Constante Téslica reducida.

N_N	4	4	0	4	5
C_T REDUCIDA	3	3	3	3	3
$\sum_P$	7	7	3	7	8

Ahora convirtamos el resultado pitagórico a Constante Téslica.

$\sum_P$	7	7	3	7	8
C_T	6	6	9	6	3

A continuación, sólo falta comprobar lo que ocurre si convertimos el número original a Constante Téslica directamente.

N_N 44045

C_T 66963

Efectivamente, tras la conversión directa se llega al mismo resultado. Por lo tanto, da igual operar convirtiendo a Constante Téslica o no, al final el resultado en Constante Téslica será el mismo.

Y lo mejor de la Constante es que cualquier número se puede convertir a Números Téslicos. Por ejemplo, una fecha de nacimiento. Veamos cual es la conversión a Constante Téslica de la fecha de nacimiento de Nikola Tesla.

Nikola Tesla: 7-1-1943;

Primero reduzcamos pitagóricamente el año, quedando así:

$\sum_\mathrm{P} 1943 = 8$

Por lo que la fecha quedaría así:

7-1-8

Y ahora estos números los convertimos a la Constante Téslica.

6-6-3

Y estos tres números son los de Nikola Tesla según fecha de nacimiento y Constante Téslica. Aunque actualmente no le veo utilidad de la conversión de una fecha a Constante Téslica tal vez en un futuro sí, ¿quién sabe? Pero este cálculo es mi pequeño homenaje a este gran inventor, convertir su fecha de nacimiento a sus números favoritos.

En el capítulo 3 de este mismo libro hemos trabajado con las esferas de un reloj, y tal vez no recuerde lo que ocurrió cuando sumamos las horas a sus minutos correspondientes. Veámoslo de nuevo:

Primera esfera:

$\sum_P 1+5=6$

$\sum_P 2+10=3$

$\sum_P 3+15=9$

$\sum_P 4+20=6$

$\sum_P 5+25=3$

$\sum_P 6+30=9$

$\sum_P 7+35=6$

$\sum_P 8+40=3$

$\sum_P 9+45=9$

$\sum_P 10+50=6$

$$\textstyle\sum_{\text{p}} 11+55=3$$

$$\textstyle\sum_{\text{p}} 12+60=9$$

¡Exacto! ¿Se ha dado cuenta? Los resultados son los mismos que los de la Constante Téslica, exactamente idénticos, por lo que los números de una esfera de reloj no son casuales, siguen el patrón de la constante, es decir las 1 se corresponde con el 6, etc.

En el teclado de un ordenador, en el de un teléfono móvil, en un cajero automático, en una calculadora, etc. Encontramos los números del uno al nueve dispuestos de una manera específica similar a la de la siguiente tabla.

A

7	8	9
4	5	6
1	2	3

Ahora convirtamos estos números a Constante Téslica.

B

6	3	9
6	3	9
6	3	9

A continuación, realizo una suma pitagórica de ambas tablas y obtengo como resultado la siguiente tabla.

C

4	2	9
1	8	6
7	5	3

Seguidamente me di cuenta de que aparecía una forma reconocible si uníamos los resultados en bloques consecutivos, estos bloques son (1,2,3), (4,5,6) y (7,8,9); pues

$\sum_P 1+2+3=6$

$\sum_P 4+5+6=6$

$\sum_P 7+8+9=6$

Ahora veamos el dibujo que se forma:

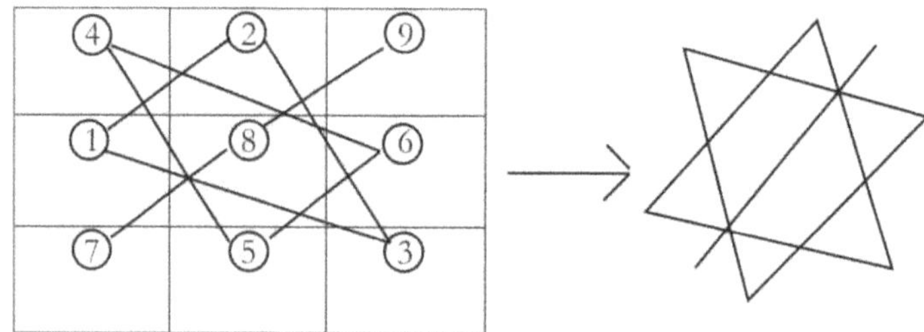

Se forma una estrella de seis puntas dividida por la mitad.

¿Recuerda la Matriz de Bruno del capítulo 2? Observe como queda tras su conversión a Constante Téslica.

Le invito a que vuelva a leer cómo se operaba y de cómo se obtenían los números de esta matriz en el capítulo 2; pues se puede seguir operando de la misma manera con los números de esta matriz convertida.

Continuemos.

La siguiente tabla aparecía en el capítulo 3 de este mismo libro.

	5	4	3	2	1	2	3	4	5
	9	2	4	6	8	1	3	5	7
$\sum_P$	5	6	7	8	9	3	6	9	3

Ahora probemos a convertir los resultados de la izquierda a Constante Téslica.

3	9	6	3	9	3	6	9	3

Los resultados de la izquierda son reflejo de los de la derecha.

Pero, sigamos convirtiendo números a la Cosntante Téslica, usted ya se habrá dado cuenta de que cuando esto se hace ocurren cosas muy interesantes con los números.

Ahora le toca el turno a la espiral del tiempo que aparecía en el primer libro y que en este aparece en el capítulo 3.

La dispongo convertida directamente.

(Siguiente página).

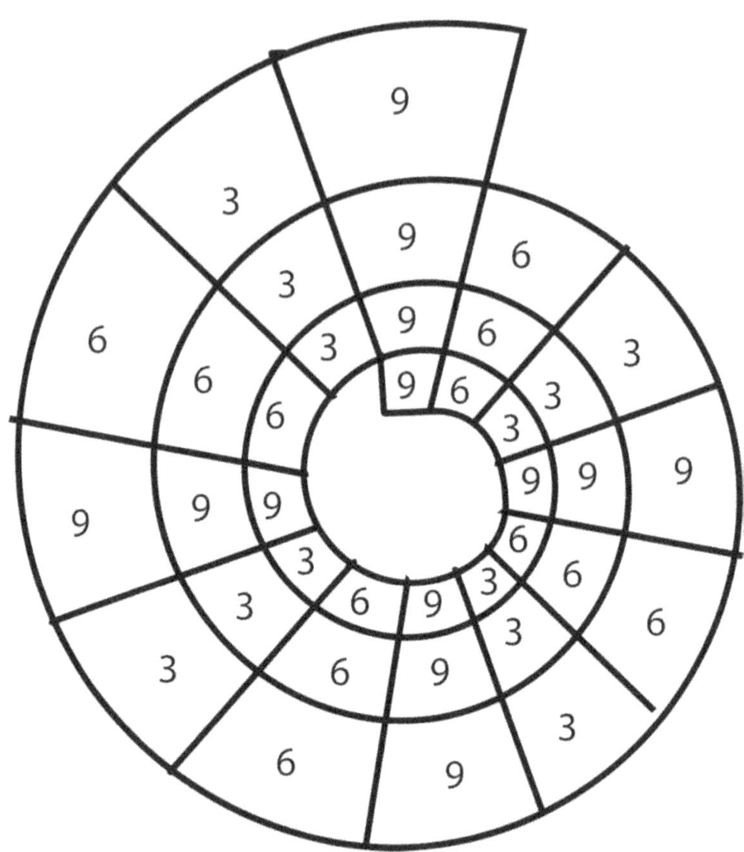

Curioso el modo en el que se ven los números ahora. La Constante Téslica nos desvela el patrón oculto de los números, nos muestra la estructura en la que están dispuestos y que como decía en el primer libro, esto no creo que sea pura casualidad.

En el primer libro obtuve la siguiente figura numérica a partir del símbolo milenario de la Flor de la Vida.

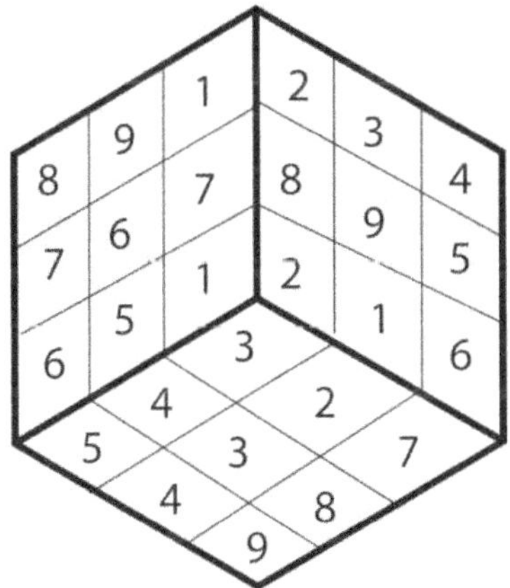

En el primer libro mostré bastantes curiosidades en base a esta figura, pero veamos que ocurre cuando la convertimos a la Constante Téslica.

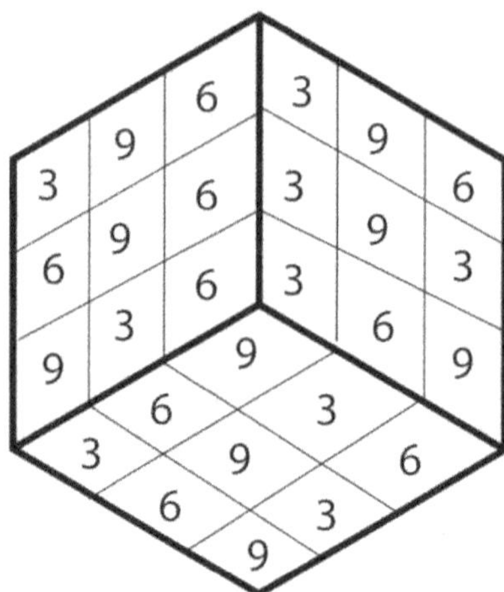

De nuevo vemos su patrón de anillos en los que se ven los 6, 3 y 9.

¿Qué desvela la Constante Téslica? A mi parecer muestra una forma sencilla de ver números complejos y cómo se combinan entre sí. La reducción pitagórica ya hacía esto, pero la Constante Téslica da un paso más, simplifica todo a 3 niveles, los 6, 3 y 9, muestra la naturaleza original de los números.

La Secuencia de Fibonacci es una sucesión infinita de Números Naturales, esta se usa en sistemas matemáticos y de computación, así también aparece en fenómenos de crecimiento biológicos como las ramas de los árboles, las hojas de un tallo, flores, piñas y el caparazón de molusco entre otros.

La sucesión comienza con 0 y 1 y a partir de ahí cada número es la suma de los dos anteriores. La sucesión es la siguiente:

0, 1, 1, 2, 3, 5, 8, 13, 21, 34, 55, 89…

Me dispuse a convertir esta secuencia a Constante Téslica:

0, 6, 6, 3, 9, 3, 3, 6, 9, 6, 6, 3…

Bueno convertirlo no dice nada nuevo, pero si realizamos la suma de los dos números anteriores para generar cada número como en la secuencia de Fibonacci y luego reducimos pitagóricamente vemos que sigue funcionando la fórmula. Es decir, la sucesión comienza con 0 y 6 y a partir de ahí cada número es la suma de los dos anteriores por medio de una reducción pitagórica.

Le invito a que lo compruebe.

Cómo ha podido comprobar a lo largo de este capítulo hay varias formas de llegar a la Constante Téslica. Hace unos días contactó conmigo otra lectora de "Los Números de la Flor de la Vida. La Clave 3-6-9".

Ella es María José Bayard, de Argentina. María José Bayard es creadora y canalizadora de las Claves Tonales Pleyadianas así como de los Símbolos Cuánticos de Kryon.

Ella me contaba que mi primer libro le había ayudado a comprender mejor los números de Tesla, y en confianza con ella le adelanté en nuestros mensajes la Constante Téslica, quedó muy sorprendida pues ella también había conseguido extraer de los números la secuencia 6, 3 y 9 en las sumas pitagórica de las columnas de la tabla de 6x9.

Y me lo demostró a través de la siguiente tabla de 6x9 que ella misma había planteado.

(Siguiente página).

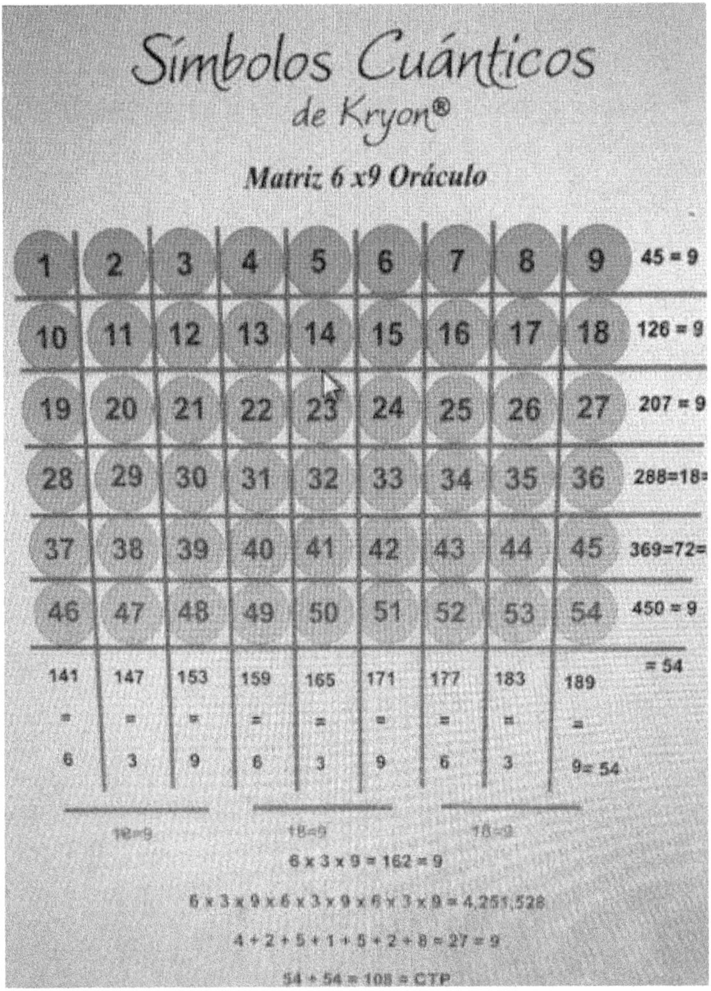

1	2	3	4	5	6	7	8	9	45 = 9
10	11	12	13	14	15	16	17	18	126 = 9
19	20	21	22	23	24	25	26	27	207 = 9
28	29	30	31	32	33	34	35	36	288 = 18 =
37	38	39	40	41	42	43	44	45	369 = 72 =
46	47	48	49	50	51	52	53	54	450 = 9
141	147	153	159	165	171	177	183	189	= 54
=	=	=	=	=	=	=	=	=	
6	3	9	6	3	9	6	3	9 = 54	

Es realmente curioso como los Números Téslicos aparecen una y otra vez cuando te pones a trabajar con ellos, es como entrar en un estado intelectual-matemático diferente, una forma distinta de ver y entender los números.

Y que cada vez que trabajas con ellos los vas comprendiendo mejor.

También podemos encontrar estos números en las tablas de multiplicar, observa la sucesión de los resultados una vez reducidos pitagóricamente y luego convertidos a Constante Téslica.

Por ejemplo: 7x8=56; $\sum_P 5+6=11$; $\sum_P 1+1=2$; $C_T 2=3$ (tabla en la siguiente página).

TABLA DEL 1	TABLA DEL 2	TABLA DEL 3	TABLA DEL 4	TABLA DEL 5
1 x 1 = 1 → C_T 6	2 x 1 = 2 → C_T 3	3 x 1 = 3 → C_T 9	4 x 1 = 4 → C_T 6	5 x 1 = 5 → C_T 3
1 x 2 = 2 → C_T 3	2 x 2 = 4 → C_T 6	3 x 2 = 6 → C_T 9	4 x 2 = 8 → C_T 3	5 x 2 = 10 → C_T 6
1 x 3 = 3 → C_T 9	2 x 3 = 6 → C_T 9	3 x 3 = 9 → C_T 9	4 x 3 = 12 → C_T 9	5 x 3 = 15 → C_T 9
1 x 4 = 4 → C_T 6	2 x 4 = 8 → C_T 3	3 x 4 = 12 → C_T 9	4 x 4 = 16 → C_T 6	5 x 4 = 20 → C_T 3
1 x 5 = 5 → C_T 3	2 x 5 = 10 → C_T 6	3 x 5 = 15 → C_T 9	4 x 5 = 20 → C_T 3	5 x 5 = 25 → C_T 6
1 x 6 = 6 → C_T 9	2 x 6 = 12 → C_T 9	3 x 6 = 18 → C_T 9	4 x 6 = 24 → C_T 9	5 x 6 = 30 → C_T 9
1 x 7 = 7 → C_T 6	2 x 7 = 14 → C_T 3	3 x 7 = 21 → C_T 9	4 x 7 = 28 → C_T 6	5 x 7 = 35 → C_T 3
1 x 8 = 8 → C_T 3	2 x 8 = 16 → C_T 6	3 x 8 = 24 → C_T 9	4 x 8 = 32 → C_T 3	5 x 8 = 40 → C_T 6
1 x 9 = 9 → C_T 9	2 x 9 = 18 → C_T 9	3 x 9 = 27 → C_T 9	4 x 9 = 36 → C_T 9	5 x 9 = 45 → C_T 9
1 x 10 = 10 → C_T 6	2 x 10 = 20 → C_T 3	3 x 10 = 30 → C_T 9	4 x 10 = 40 → C_T 6	5 x 10 = 50 → C_T 3

TABLA DEL 6	TABLA DEL 7	TABLA DEL 8	TABLA DEL 9	TABLA DEL 10
6 x 1 = 6 → C_T 9	7 x 1 = 7 → C_T 6	8 x 1 = 8 → C_T 3	9 x 1 = 9 → C_T 9	10 x 1 = 10 → C_T 6
6 x 2 = 12 → C_T 9	7 x 2 = 14 → C_T 3	8 x 2 = 16 → C_T 6	9 x 2 = 18 → C_T 9	10 x 2 = 20 → C_T 3
6 x 3 = 18 → C_T 9	7 x 3 = 21 → C_T 9	8 x 3 = 24 → C_T 9	9 x 3 = 27 → C_T 9	10 x 3 = 30 → C_T 9
6 x 4 = 24 → C_T 9	7 x 4 = 28 → C_T 6	8 x 4 = 32 → C_T 3	9 x 4 = 36 → C_T 9	10 x 4 = 40 → C_T 6
6 x 5 = 30 → C_T 9	7 x 5 = 35 → C_T 3	8 x 5 = 40 → C_T 6	9 x 5 = 45 → C_T 9	10 x 5 = 50 → C_T 3
6 x 6 = 36 → C_T 9	7 x 6 = 42 → C_T 9	8 x 6 = 48 → C_T 9	9 x 6 = 54 → C_T 9	10 x 6 = 60 → C_T 9
6 x 7 = 42 → C_T 9	7 x 7 = 49 → C_T 6	8 x 7 = 56 → C_T 3	9 x 7 = 63 → C_T 9	10 x 7 = 70 → C_T 6
6 x 8 = 48 → C_T 9	7 x 8 = 56 → C_T 3	8 x 8 = 64 → C_T 6	9 x 8 = 72 → C_T 9	10 x 8 = 80 → C_T 3
6 x 9 = 54 → C_T 9	7 x 9 = 63 → C_T 9	8 x 9 = 72 → C_T 9	9 x 9 = 81 → C_T 9	10 x 9 = 90 → C_T 9
6 x 10 = 60 → C_T 9	7 x 10 = 70 → C_T 6	8 x 10 = 80 → C_T 3	9 x 10 = 90 → C_T 9	10 x 10 = 100 → C_T 6

En las tablas se observa que el patrón por tabla es (6,3,9), (3,6,9) y (9,9,9), en este mismo orden.

El número de cada tabla indica el inicio del patrón pues la tabla del 1 comienza por 6, y la Constante Téslica de 1 es 6; la tabla del 2 comienza por 3, la tabla del 3 es la del 9 y así sucesivamente.

Pero la Constante Téslica sigue mostrando más peculiaridades. Me dirigía a tomarme un café a una cafetería cuando por el camino levanto la vista y veo que la casa por la que pasaba tenía como número 53, instantáneamente extraje su Constante Téslica y vi que era 3, de momento pensé que de 5 también era 3, por lo que me pregunté ¿Cuándo aparece un Número Téslico este se puede convertir a cero y convertir a Constante Téslica el número restante? Cuando volví a casa me detuve a comprobarlo. Y así fue, la suma pitagórica de un número natural con un número de la Constante Téslica o los números de Tesla da como resultado en Constante Téslica la del número natural.

Es decir, si realizamos la conversión del número 53 a Constante Téslica el resultado será 3. Pues los Números Téslicos al igual que pasaba con el nueve se pueden traducir a cero.

$53 \rightarrow \sum_{\mathrm{p}} 5+3=8 \rightarrow C_{\mathrm{T}}8=3$ también si consideramos el 3 del numero 53 como cero, vemos que de 5 su Constante Téslica es 3.

Veamos algunos ejemplos más:

$46 \rightarrow \sum_P 4+6=10=1 \rightarrow C_T\ 1=6$; también $C_T\ 4=6$

$43 \rightarrow \sum_P 4+3=7 \rightarrow C_T\ 7=6$; también $C_T\ 4=6$

$86 \rightarrow \sum_P 8+6=14=5 \rightarrow C_T\ 5=3$; también $C_T\ 4=3$

Por lo que cuando aparezca un Número Téslico podemos convertir este a cero, y sacar la Constante Téslica con el resto de números de la cifra. Obviamente no pongo ejemplo con el nueve pues ya sabíamos de antemano que en este tipo de cálculos el $9=0$.

Igualmente, si el número no contiene un Número Téslico se puede descomponer en los 3, 6 y 9 y calcular el número restante.

Para explicar esto mejor me voy a apoyar un poco en lo visual.

Por ejemplo, el número 28 es de Constante Téslica 6. Si, hasta ahora lo que hacíamos era $\sum_P 2+8=10=1 \rightarrow C_T\ 1=6$, ahora lo que haremos es extraer los 6, 3 y 9.

Imaginemos una tabla con las cantidades del número, es decir 2+8=10

1	2	3	4	5	6	7	8	9	10

Ahora separemos el número de 3, 6 y 9 mayor posible, en este caso se puede el 9.

Una vez extraido nos sobra un solo cuadro, y como es uno, pues la Constante Téslica de 1 es 6.

Un ejemplo más:

El número ahora es 42:

4+2=6 por lo tanto la tabla es de 6 cuadros, aunque tras haber realizado la suma ya pre-sabemos que la Constante Téslica va a ser 9, pues C_T 6=9.

1	2	3	4	5	6

Ahora el número máximo Téslico en el que podemos separar los cuadros es 3.

Por los que nos sobrarán 3 cuadros.

Y ya sabemos que C_T 3=9

Veamos un número más complejo como el 241, dónde la tabla debe ser de 2+4+1=7 cuadros.

Separemos la cantidad téslica de cuadros, que en este caso el máximo es 6:

Dónde nos sobra 1 cuadro y C_T 1=6, pero ya sabíamos que C_T 7=6, por lo tanto, esto no es más que la forma visual de llegar al mismo resultado en Constates Téslicas.

Recordemos el ejercicio visual del capítulo 1, dónde:

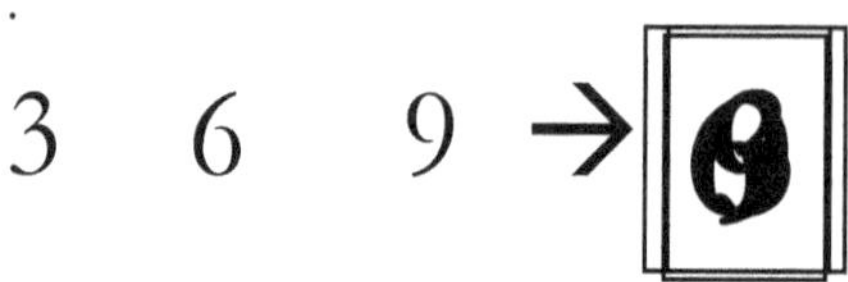

Con ello operábamos y obteníamos todos los números naturales, ¿Lo recuerda? ¿Recuerda que conjunto de números se obtenía en cada operación?

Pues efectivamente, cada conjunto se corresponde con una Constante Téslica, los conjuntos eran: (2,5,8), (1,4,7) y (3,6,9) es decir los mismos que de la Constante Téslica.

N_N	2	5	8	1	4	7	3	6	9
C_T	3			6			9		

Es por ello que estos conjuntos de números y su número correspondiente en Constante Téslica son importantes. Ahora, eso sí ¿Por qué la constante Téslica comienza por el número 6? No sé si esto será resuelto a lo largo del libro, pues en estos momentos de la escritura del libro, desde hace unas páginas, estoy planteando cálculos que surgen día a día, ya no se trata de mostrarles lo recopilado sino lo que voy descubriendo sobre la marcha de la escritura. Dejo de escribir y me dedico los siguientes días a descubrir nuevos cálculos y simbólicas coincidencias, y luego de nuevo a escribirlas.

Como decía, el porqué comienza en 6 tal vez los cálculos que planteo sean suficientes matemáticamente hablando para responder a esa pregunta, o tal vez en unos días futuros descubra algo mucho más evidente, no se sabe, pues si las primeras páginas las escribía en pasado, ahora las escribo desde el presente, desde el día a día.

Continuemos con nuevos hallazgos. Hoy 13 de junio de 2017 pasaba la tarde en la playa de el pantano de Iznájar, me había llevado mi libreta y a modo de entretenimiento me dispuse a encontrar nuevos cálculos.

Estuve pensando en el caso de que para hallar la Constante Téslica de un número que contenía un 3, 6 o 9 bastaba con anular estos números y calcularla con el número restante.

Así es que decidí comprobar los resultados de los conjuntos de los números de la Constante Téslica al sumarlos pitagóricamente con los 3, 6 y 9.

Para ello comencé con el conjunto de los números correspondientes al 6. Veámoslo en la siguiente tabla:

$\sum P$	3+1=4	6+1=7	9+1=1
	3+4=7	6+4=1	9+4=4
	3+7=1	6+7=4	9+7=7

Como se puede comprobar da los mismos números en los tres casos expuestos. Pero claro hay que comprobar que ocurre lo mismo con el resto de conjuntos de números de la Constante Téslica.

$\sum P$	3+2=5	6+2=8	9+2=2
	3+5=8	6+5=2	9+5=5
	3+8=2	6+8=5	9+8=8

Efectivamente vuelve a ocurrir lo mismo. Los números de Nikola Tesla parecen mágicos, pero no es más que matemáticas curiosas.

$\sum P$	3+3=6	6+3=9	9+3=3
	3+6=9	6+6=3	9+6=6
	3+9=3	6+9=6	9+9=9

Y ¿cómo no? Los 3, 6 y 9 dan los 3, 6 y 9.

Hasta ahora todo han sido sumas, pero por curiosidad quería comprobar la fracción de los números de los conjuntos con su número constante.

(Importante: Al trabajar con fracciones muchos casos dan como resultados decimales infinitos, por lo que usaré el mayor número de dígitos que ofrezca la calculadora, por ello lo resultados no son cien por cien fiables, de este modo no hay que dar demasiada importancia a los resultados con fracciones).

6	3	9
6/1=6	3/2=1.5=$\sum_P$ 6	9/3=3
6/4=1.5=$\sum_P$ 6	3/5=0.6=$\sum_P$ 6	9/6=1.5=$\sum_P$ 6
6/7=0.8571428571=$\sum_P$ 3	3/8=0.375=$\sum_P$ 6	9/9=1

Como se puede observar se obtienen también los Números Téslicos, con excepción del 9/9, pero ya sabemos que el número nueve es muy especial. Antes de continuar me gustaría mostraros los resultados que dan decimales largos más detalladamente.

Fijémonos en el del 6/7 el cual se puede separar por conjuntos según su Constante Téslica, para ello usaré un guion:

0.85-714-285-71 que convertido a Constante Téslica nos muestra mejor su estructura:

9.3366633366

Donde se puede observar una cierta simetría numérica (el 0 lo he convertido a 9).

Ahora veamos el caso de 3/8 en su conversión a Constante Téslica, fijémonos en los decimales, es decir después de la coma:

$375 = C_T\ 963$

Curioso ¿verdad? Y es que como vimos en el capítulo 1, el número 8 juega especialmente con los números de Nikola Tesla.

Tras los cálculos de fracciones anteriores quise comprobar que ocurría con los factores de la fracción, pero invertidos.

6	**3**	**9**
1/6=0.1666666667	2/3=0.6666666667	3/9=0.3333333333
4/6=0.6666666667	5/3=1.6666666667	6/9=0.6666666667
7/6=1.1666666667	8/3=2.6666666667	9/9=1

Muy interesantes de nuevo los resultados y muy similares entre sí, en los cuales se observa que los números de Tesla juegan un importante papel, especialmente el número 6.

Y para terminar estos cálculos más allá de la suma, decidí comprobar con la multiplicación.

6	3	9
6x1=6	3x2=6	9x3=27=$\sum_P$ 9
6x4=24=$\sum_P$ 6	3x5=15=$\sum_P$ 6	9x6=54=$\sum_P$ 9
6x7=42=$\sum_P$ 6	3x8=24=$\sum_P$ 6	9/9=81=$\sum_P$ 9

Y aquí están de nuevo. Como podemos comprobar el número 6 es el que más aparece. Después de todos los cálculos realizados se puede empezar a otear en el horizonte por qué la sucesión de la Constante Téslica empieza por 6.

Como ya había comentado la esfera horaria es muy recurrente en mi investigación pues representa a la perfección los números de Tesla. Veamos otra curiosidad más. En este caso las agujas que se van abriendo simétricamente.

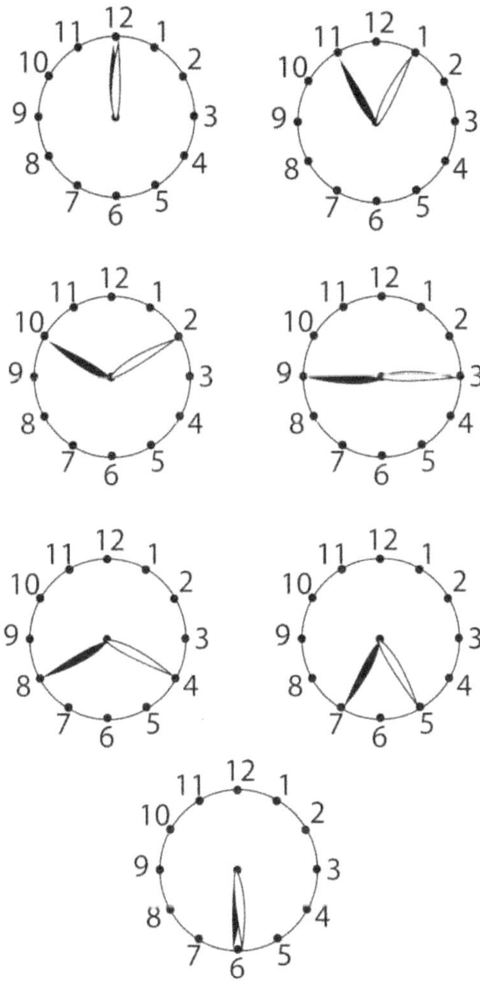

Las agujas se abren hacia abajo. Y llega el momento de sumar los números que marcan.

$\sum_P 0+12=3$

$\sum_P 1+11=3$

$\sum_P 2+10=3$

$\sum_P 3+9=3$

$\sum_P 4+8=3$

$\sum_P 5+7=3$

$\sum_P 6+6=3$

Todo mediante suma pitagórica es 3.

Es muy interesante la estructura del instrumento con el que medimos el tiempo y lo relacionado con los Números Téslicos que está.

Esta vez la apertura de las agujas ha sido de modo vertical. Es interesante comprobar una apertura horizontal, así como muestra las siguientes esferas.

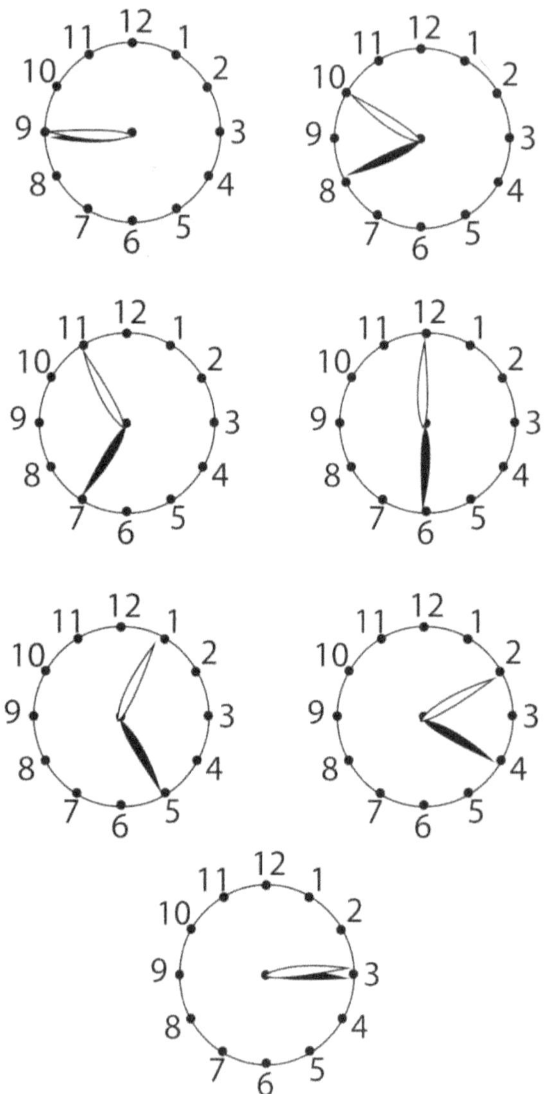

Comprobemos los resultados de la suma pitagórica de los números marcados.

$$\sum_P 9+9=9$$

$$\sum_P 8+10=9$$

$$\sum_P 7+11=9$$

$$\sum_P 6+12=9$$

$$\sum_P 1+5=6$$

$$\sum_P 4+2=6$$

$$\sum_P 3+3=6$$

Vuelven a aparecer. En este caso el lado izquierdo de la esfera se corresponde con el 9 y el lado derecho se corresponde con el número 6.

Mediante este sistema de apertura de agujas se consiguen otros resultados curiosos que no voy a detallar en este libro, pero que usted puede comprobar, elija un número de la esfera al azar y comience a abrir las agujas y a sumar los números implicados. Y es que como relaté anteriormente, la esfera esconde muchas curiosidades numéricas.

En el primer libro "Los Números de la Flor de la Vida. La Clave 3-6-9" aparecían muchas extrañas coincidencias que aparentemente estaban inconexas, que carecían de sentido, excepto que todas estaban unidas por los 3, 6 y 9. Pero desde que descubrí la Constante Téslica todo empieza a recobrar ese sentido que hasta entonces permanecía oculto, y que ahora empezaba a emerger. Mostrando así el por qué aparecían esos números en el primer libro, muestra el patrón oculto que los hacía visibles.

Jugar con la Constante Téslica es cada vez más interesante, así como la siguiente demostración en la que restamos los números de cada conjunto con su constante (manteniendo el número mayor en primer lugar para evitar números negativos).

N_N	1	4	7	2	5	8	3	6	9
C_T		6			3			9	

Así pues.

6	3	9
6-1=5	3-2=1	9-3=6
6-4=2	5-3=2	9-6=3
7-6=1	8-3=5	9-9=0 (9)

Observamos que en la columna del 6 y el 3 dan los mismos resultados pero en sentido invertido y la del nueve de nuevo los 6, 3 y 9,

Si sumamos los resultados de las dos primeras columnas vemos que 5+2+1=8, dónde el número 8 juega importantemente en el ejercicio de primer capítulo.

Pero veamos que ocurre si sumamos 8 a esos resultados:

$\sum_P$ 8+5=3

$\sum_P$ 8+2=1

$\sum_P$ 8+1=9

¿Cómo? En teoría dónde hay un 1 debería haber un 6, pero, y esto es interpretación mía, tal vez me quiera decir que todo comienza por 6, es decir que todo comienza por 1. Además de que la Constante Téslica de 1 es 6. ¿Todo comienza con 1 o tal vez es 6?

¿Por qué la Constante Téslica comienza en 6?

Habrá que descubrirlo o al menos intentarlo.

Pensando me di cuenta de que los números naturales se pueden dividir en grupos dónde la suma pitagórica de estos número de cada grupo es el número 6. Veamos dos modos.

1	2	3	4	5	6	7	8	9
$\sum_P 6$					$\sum_P 6$	$\sum_P 6$		

1	2	3	4	5	6	7	8	9
$\sum_P 6$			$\sum_P 6$			$\sum_P 6$		

Tanto en el primer libro como en este, el número 6 es el número que más aparece, por lo que, está claro, al menos en lo que a mí respecta y por ahora que después de tantos resultados resulta que el 6 es primordial, primero. Si nos fijamos en el primer cuadro de los dos anteriores el 6 se mantiene aislado del resto de números. Por lo que por ahora mantendré la postura de que debido a todos los cálculos realizados hasta ahora el 6 es el primero, y como justificación esos cálculos, al menos por ahora, pues no sé que más deparan los 6, 3 y 9 en un futuro. El 6 es la unidad.

Solo por curiosidad quiero complicar un poco las cosas, salirme de las sumas y meterme de nuevo en las fracciones, y aunque aquí muestre los resultados, siempre podrá comprobarlo por su cuenta con una calculadora u otros métodos (pero recuerde en el caso de resultados de decimales infinitos, el resultado depende de la cantidad de dígitos que se usen, por ello no le den de nuevo mucha importancia a estos cálculos).

Probemos un poco con las fracciones de los números de la segunda tabla anterior. Comencemos con los del número 6.

$1/6=0.1666666667$
$2/6=0.3333333333$
$3/6=0.5$
$\sum 1$
$\sum_P 91=1$

En primera instancia vemos que los resultados en decimales dan en los números que lo componen los de su Constante Téslica, por ejemplo, en la de 1/6 vemos que sale el 1 y 7 que son de constante 6, así como el 6 que es la constante en sí. En la de 2/6 aparece el 3 pues, el 3 es la constante de 2, y en la de 3/6 aparece el 5, y la constante de 5 es 3.

En segundo lugar vemos que la suma ordinaria es 1 y que la pitagórica también es 1, volvemos a lo mismo ¿Por qué 6 es la unidad?

Veamos que ocurre con el resto.

4/6=0.6666666667
5/6=0.8333333333
6/6=1
$\sum$ 2.5
$\sum_\text{P}$ 97=7

Se sigue observando que los resultados en los números de los decimales se corresponden con los números de la Constante Téslica.

Como resultado de la suma pitagórica es 7 y de las ordinarias es 2.5 dónde 2+5=7, si estos datos los relacionamos a que estamos trabajando con el número 6 y que su correspondencia según Constante Téslica es el 1, 4 y 7 y ya ha aparecido el 1 y el 7, todo indica que en los números que faltan por calcular saldrá el 4.

Para ello lo mejor es comprobarlo. Y ya se me están ocurriendo nuevas ideas para trabajar con estos números, si es que estos números no dejan de impresionar y te hacen pensar cada vez más en ellos.

7/6=1.1666666667
8/6=1.3333333333
9/6=1.5
$\sum$ 4
$\sum_{\mathrm{p}}$ 94=4

Efectivamente, vuelve a ocurrir lo mismo con los decimales y la Constante Téslica y además lo más importante, aparece el 4. Además, si sumamos los resultados de las sumas ordinarias ocurre que 1+2.5+4=7.5, dónde $\sum_p$ 7+5=3.

Ello me invita a probar los mismos cálculos con el 3 y 9, esperando que salgan sus números correspondientes, esta es la idea que se me había ocurrido. Empecemos.

1/3=0.3333333333
2/3=0.6666666667
3/3=1
$\sum$ 2
$\sum_p$ 92=2

Los resultados de las sumas de los decimales es 2, que si es correspondiente a la Constante Téslica de 3. Sigamos con el resto.

4/3=1.3333333333
5/3=1.6666666667
6/3=2
$\sum$ 5
$\sum_p$ 95=5

El resultado de las sumas que es 5, sigue siendo un número correspondiente a la Constante Téslica de 3. Continuemos con los siguientes números.

7/3=2.3333333333
8/3=2.6666666667
9/3=3
$\sum$ 8
$\sum_P$ 98=8

Y para terminar con las fracciones del número 3 nos encontramos que el resultado de las sumas es 8, que vuelve a ser número correspondiente de la Constante Téslica de 3.

Ahora le toca el turno al número 9, pero, ya sabemos que este es el número más extraño, pero en teoría teniendo en cuenta los resultados anteriores deberíamos obtener soluciones similares. Empecemos.

1/9=0.1111111111
2/9=0.2222222222
3/9=0.3333333333
Σ 0.6666666666
Σ_{P} 60=6

Parece ser que va por buen camino pues los números correspondientes de la Constante Téslica del 9 son los 3, 6 y 9 y en este caso el resultado de la suma es 6. Procedamos con el siguiente.

4/9=0.4444444444
5/9=0.5555555556
6/9=0.6666666667
Σ 1.6666666667
Σ_{P} 152=8

¿Cómo? ¿8? Debería haber salido 3 o 9. Este por ejemplo es uno de esos casos en los que no se obtiene un resultado esperado. Algún motivo debe haber. Y tal vez sea por lo que ya adelantaba, que depende de la cantidad de decimales cogidos. Voy a ver que ocurre con los siguientes números.

7/9=0.7777777778
8/9=0.8888888889
9/9=1
$\sum$ 2.6666666667
$\sum_P$ 63=9

Aquí sí. Sale el número 9. Entonces dónde salió el número 8 debería haber salido un 3. ¿Y por qué no salió? Aunque como ya sabe la Constante Téslica de 8 es 3.

No obstante, fijándome de nuevo en las formas visuales no puedo dejar de pasar por alto que la figura del 3 es casi la mitad de la figura de 8. Por lo que decidí probar por ahí.

El 8 son dos círculos, uno encima del otro, por lo que pensé, que ocurriría si a una circunferencia de 3 unidades de longitud, le restase el decimal obtenido en la suma de la tabla en la que obtuve el 8, cuyo decimal es 1.6666666667.

Para ello tuve que solicitar ayuda a mi padre que es ingeniero industrial y que maneja bien softwares de diseño técnico. Le planteé el problema y lo que debía hacer, es decir a una circunferencia de longitud de 3 unidades restarle ese decimal y comprobar que arco se formaba.

Y mi padre se puso manos a la obra y en breve me mostró los resultados que eran los que dispongo a continuación.

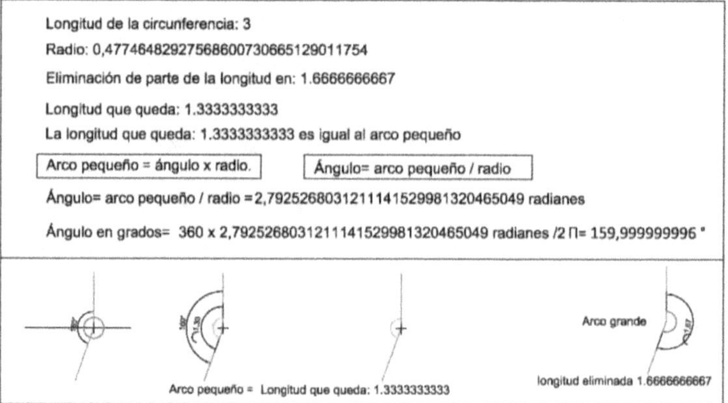

En el margen izquierdo observamos el arco que se elimina de una longitud de 1.6666666667, y en el margen derecho se ubica el arco restante de una longitud de 1.3333333333 cuyo decimal ya había aparecido en los resultados de 4/3 y 8/6. Como dije en mi primer libro no soy matemático y comprender estos resultados se escapa a mi entendimiento pues deben tener su razón con complejas ecuaciones o fórmulas. Pero lo que está claro es que visualmente si el 8 son dos circunferencias completas con el arco restante duplicado en espejo se puede formar la figura del 3 a la perfección.

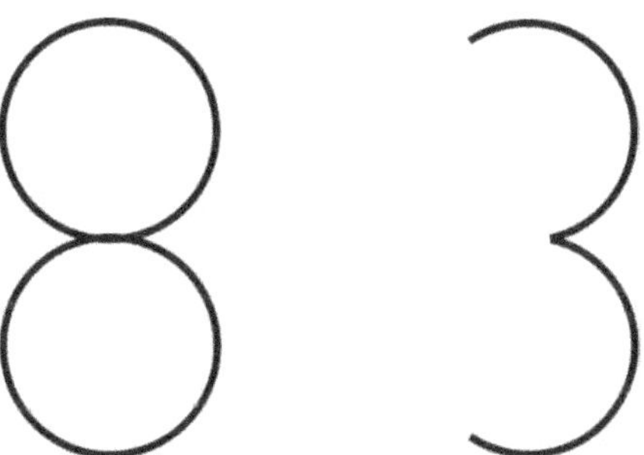

Tal vez esto no sea tan importante, pero a mi parecer es un modo de ver que el 8 oculta el 3, además de que 8 es correspondiente a la Constate Téslica de 3. Tal vez, si veo algo más, me detendré en los decimales más delante de nuevo.

Se podría decir que los números naturales esconden los 6, 3 y 9, es decir su Constante Téslica. Jugar con estos números da lugar a cálculos tan curiosos como los que hemos visto hasta ahora, o el que viene a continuación.

Según la constante, el orden es 6, 3 y 9, es decir que el número menor queda en el centro. Bien, si reordenamos los conjuntos de los números correspondientes a la constante vemos que quedan así, (4,1,7), (5,2,8) y (6,3,9). Una vez colocados así se puede restar el primer número al segundo y el resultado sumarlo pitagóricamente al tercero. Veamos.

6	(4,1,7)	$4 - 1 = 3 \; ; \sum_P 3 + 7 = 1$
3	(5,2,8)	$5 - 2 = 3 \; ; \sum_P 3 + 8 = 2$
9	(6,3,9)	$6 - 3 = 3 \; ; \sum_P 3 + 9 = 3$

En los resultados se observa que en todas las restas se obtiene el número 3, y que en la suma final se obtiene el 1 para el conjunto del 6, el dos para el conjunto del 3, y el 3 para el conjunto del 9, demostrando de nuevo que el 6 es la unidad, el 3 la dualidad y el 9 la trinidad.

Pero con estos resultados se puede seguir operando si los sumamos a sus números correspondientes.

6 (4,1,7)	3 (5,2,8)	9 (6,3,9)
1+4=5	2+5=7	3+6=9
1+1=2	2+2=4	3+3=6
1+7=8	$\sum_P$ 2+8=1	$\sum_P$ 3+9=3

Vemos que en la columna del 9 se obtienen los 9, 6 y 3, pero que los 6, 3, 9 dan los 6,3,9 es algo que quedó claro en el primer libro. Si nos fijamos en la columna del 6 y el 3 vemos que los resultados de un conjunto son los del otro.

Los números de la Constante Téslica nos ofrecen más propiedades como son las siguientes.

Si los conjuntos son (3,6,9), (2,5,8) y (1,4,7) observe qué ocurre cuando los tomamos como números completos y realizamos unas simple restas.

369 – 258 =111

258 – 147 = 111

Dónde, como supongo, que ya habrá deducido usted
1+1+1=3

Aún hay más, si cogemos los números de cada conjunto
según su posición y los restamos ocurre los siguiente.

3-2 -1=0

6-5-4=-3

9-8-7=-6

Entendiendo el 0 como un 9. Pero llega el momento
de desvelar el por qué 9 se comporta como un 0. Ello es
debido a que cuando reducimos pitagóricamente sólo
disponemos de 9 dígitos, de 9 posiciones, por ello al sumar
las posiciones se desplazan 9 dígitos y vuelven al número de
partida.

Por ejemplo $\sum_p$ 9+2=2, véalo gráficamente.

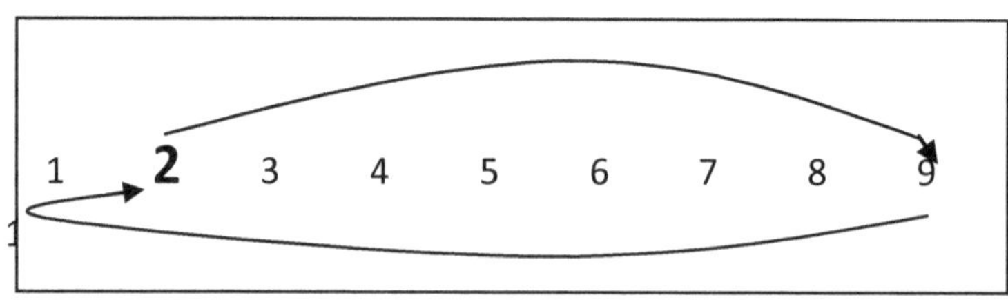

Ahora ya comprende por qué se puede desestimar el 9 en una suma pitagórica. Pero veamos otras curiosidades de los conjuntos de la Constante Téslica, ahora se sumarán pitagóricamente los números de forma independiente y por columnas. Obviaremos de momento el conjunto del 9 porque ya sabemos que siempre producen los 3, 6 o 9.

1	4	7
2	5	8
$\sum_P$ 3	9	6

Ahí aparecen de nuevo los Números Téslicos. En el siguiente ejercicio tendremos en cuenta el conjunto del 9.

1	4	7
2	5	8
3	6	9
$\sum_P$ 6	6	6

El resultado 666 ya apareció en el primer libro con el símbolo de la Flor de la Vida, pero en este caso se obtiene con los números de los conjuntos de la Constante Téslica.

Teniendo en cuenta la tabla de la Constante Téslica hay dos caminos para hallar la constante de un número cualquiera, siendo una la conversión después de hacer una reducción pitagórica y siendo la segunda convertir el número en cuestión a constante según dígitos y luego realizar una reducción pitagórica. Veámoslo más detenidamente.

Primer modo:

Número 25.

$2+5=7; C_T 7=6$

Otro ejemplo

Número 187.

$\sum_P 1+8+7=7; C_T 7=6$

Ahora veamos el segundo modo con los mismos números.

Número 25

$25 \rightarrow C_T 33; 3+3=6; C_T 25=6$

Número 187.

$187 \rightarrow C_T\ 636 \rightarrow 6+3+6=15;\ 1+5=6;\ C_T\ 187=6$

Tras conocer los números de la Constate Téslica se puede decir que los números naturales tienen 3 niveles, el del número natural en sí, el de su raíz o reducción pitagórica y por último el de su reducción a Constante Téslica. Es por ello que los números esconden otros números, que se descubren a través de las metamatemáticas que expongo en mi primer libro y el que tiene usted ahora entre sus manos. Por lo tanto el número 125 es también un 8 y este a su vez es también un 3.

Al principio de este libro mostré un ejercicio en el que se obtenían los números del 1 al 9 a partir del número 8. Gracias a la Constante Téslica se pueden volver a obtener con otro número, ¿Y cuál es este número? Pues la Constante Téslica de 8, que es 3. En el ejercicio del primer capítulo se partía de los números 3, 6 y 9, pero en este caso no se puede partir de estos, pues como ya sabe los 3, 6 y 9 siempre darán como resultado a ellos mismos. Por ello partiremos de los números 1, 2 y 3.

Comencemos sumando 3 a estos números:

$1+3=4$

$2+3=5$

3+3=6

Ahora sumemos 3 a estos resultados:

4+3=7

5+3=8

6+3=9

Como ha podido observar obtenemos los números que buscábamos, es decir del 1 al 9. Pero claro los números 1, 2 y 3 ya estaban dispuestos desde el principio, pero volvamos a sumar 3 a los últimos resultados.

$7+3=10= \sum_P 1$

$8+3=11= \sum_P 2$

$9+3=12= \sum_P 3$

Y ahí los obtenemos, esto se puede hacer con 3 porque 3 es la Constante Téslica de 8.

Para finalizar esta segunda parte de La Clave 3-6-9 nos detendremos de nuevo en una esfera de reloj y su relación con la Constante Téslica.

En nuestro instrumento de medir el tiempo, el reloj, se divide en 24 horas y 60 minutos, pero, veamos que ocurre cuando le aplicamos una simple suma pitagórica y su correspondiente Constante Téslica. Primero comprobaremos la primera vuelta de reloj, es decir, hasta las 12.

horas	1	2	3	4	5	6	7	8	9	10	11	12
$\sum_P$	1	2	3	4	5	6	7	8	9	1	2	3
C_T	6	3	9	6	3	9	6	3	9	6	3	9

horas	1	2	3	4	5	6	7	8	9	10	11	12
minutos	5	10	15	20	25	30	35	40	45	50	55	60
$\sum_P$	6	3	9	6	3	9	6	3	9	6	3	9

Efectivamente se comprueba que cuando se suman pitagóricamente las horas a los minutos el resultado de dicha suma coincide con la Constate Téslica de las horas. Para finalizar comprobemos con la segunda vuelta de reloj.

horas	13	14	15	16	17	18	19	20	21	22	23	24
$\sum_P$	4	5	6	7	8	9	10	11	12	13	14	15
C_T	6	3	9	6	3	9	6	3	9	6	3	9

horas	13	14	15	16	17	18	19	20	21	22	23	24
minutos	5	10	15	20	25	30	35	40	45	50	55	60
$\sum_P$	9	6	3	9	6	3	9	6	3	9	6	3

No obstante, en la segunda vuelta los resultados no son coincidentes. Dónde antes era 6 ahora es 9, dónde antes era 3 ahora es 6 y dónde antes era 9 ahora es 3. ¿Qué ha ocurrido? Como ha podido comprobar en este y el anterior libro los 3, 6 y 9 son cíclicos al igual que el tiempo; y aunque una esfera de reloj se divida en 4/4 en realidad está configurada en base a los números de Nikola Tesla, siendo el 3 la base de estos; al dar una vuelta más los números han revolucionado en base a 3, y es por ello que los resultados en esta última tabla son los expuestos.

Pero en relación a la Constante Téslica y la esfera de reloj, déjeme mostrarle para finalizar una curiosidad más.

Ésta es que la concordancia entre horas de una vuelta y otra coinciden con su constante Téslica, y aunque en varios ejemplos de este libro estaba frente a usted, no sé si se ha dado cuenta, por ello permítame mostrárselo a continuación.

En un reloj tenemos la hora 1 que también son las 13 horas, dónde $13 \rightarrow \sum_P 1+3=4$; ahora véase que la Constante Téslica de 1 es 6 y que la de 4 también lo es. Otro ejemplo. Hora 7 y hora 19; $7 \rightarrow C_T 6$ y con la otra hora lo mismo, $19 \rightarrow \sum_P 1+9=1 \rightarrow C_T 6$.

Veámoslo en un gráfico de la esfera de reloj con tres anillos, el anillo interior corresponde a la primera vuelta, el del medio a la segunda vuelta, y el tercero a la Constante Téslica, tenga en cuenta que las horas de más de una cifra han sido reducidas pitagóricamente, como ya sabe dónde son las $24 \rightarrow \sum_P 6$.

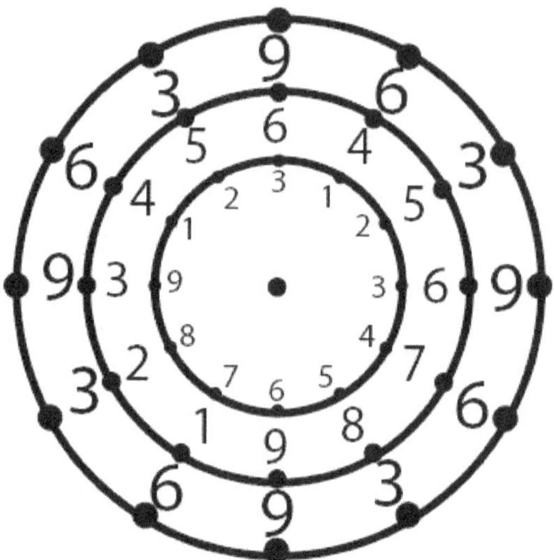

  Antes de que se adentre en el último capítulo, quiero darle las gracias por acompañarme en esta segunda aventura en busca de los números de Nikola Tesla. Gracias.

Capítulo 6

REFLEXIÓN FINAL

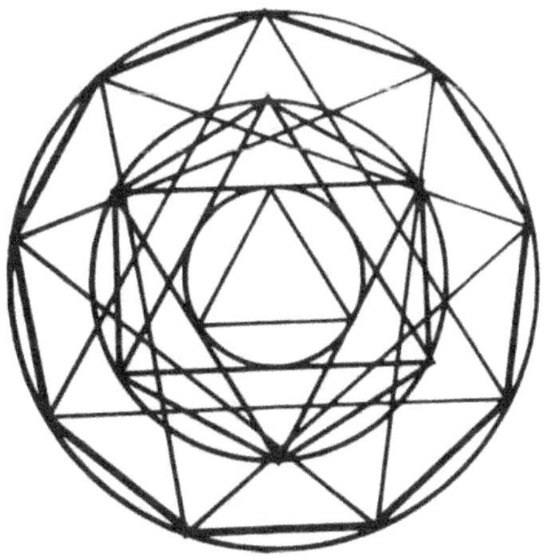

No hay dos sin tres, eso dice el refrán; y tras conocer la Constante Téslica así es que 2 es también 3. Y es que tres son los números originales, el 3, 6 y 9, y el resto son descendientes de estos.

Los números de Tesla son la base ancestral de la cual emerge el infinito, que es un 8 en horizontal, pero que como se ve en el primer capítulo el número 8 jugando con los 3, 6 y 9 nos muestra los números del 1 al 9.

Tres niveles de números existentes; los que son infinitos, los que van del 1 al 9 y los que son los 3, 6 y 9.

Nuestro mundo está planteado en el primer nivel de los números, Pitágoras trabajaba en el segundo nivel, y en este libro y el anterior se plantea el tercer nivel.

El número 3 representa el equilibro y los ciclos, siendo este la base de los números de Tesla.

A día de hoy desconozco hacia dónde me llevarán estos números, desconozco su significado si es que lo tienen y desconozco su sentido, pero lo que si está tan claro como la luz es su comportamiento y cómo dialogan con el resto de números. Nikola Tesla les daba mucha importancia, aunque a día de hoy no sabemos porqué eran tan importantes para Nikola, y tal vez no lo sepamos nunca, ¿Qué fue lo que descubrió Nikola respecto a estos números? Tal vez esto se encuentre archivado en algún lugar secreto del Gobierno de

EEUU, ¿quién sabe? pues extrañamente, tras la muerte de Nikola Tesla todos sus apuntes, libretas y patentes desaparecieron misteriosamente.

Es por ello, que creo, que estos números esconden algo muy importante, y que, aunque hoy día no se le dé el valor que les corresponde, sé que en el futuro así será.

Siento, tengo la extraña sensación, un presentimiento de que estos números están relacionados directamente con el concepto tiempo, y desconozco el porqué lo siento así.

Lo que si queda tangible es que son cíclicos, así como su fractalidad; se comportan como un patrón.

Y me pregunto, ¿A parte de los tres niveles de números? ¿existe uno que sea el origen? ¿Un único número que encierre a los 3, 6 y 9? O ¿Todo comienza con estos tres números?, ¿Una trinidad es el origen?

Con este libro se resuelven muchas de las dudas del primero, pero abre nuevas preguntas, nuevos enigmas, nuevas cuestiones. Aún queda tanto por indagar en referencia a los números de Nikola Tesla, que abruma pensar en esas infinitas posibilidades.

Recuerdo ese mensaje onírico por el que comenzó esta investigación y que se detalla en el primer libro, y que a día de hoy comienzo a comprender porqué recibí ese mensaje, pero que no explicaré en este libro, y que tal vez deje esta explicación para una posible tercera entrega de La Clave 3-6-9.

El camino continúa, ¿Hasta dónde me llevará? Eso no lo sé, pero estos tres números tan especiales para mí no creo que me abandonen, pues son tan interesantes que cuando los conoces es normal que recurras a ellos en cualquier momento del día.

Son el pasado, el presente y el futuro, la primera, la segunda y la tercera dimensión. El tres es la llave que girada en el sentido del seis o del nueve en la cerradura correcta, abre la puerta de lo que está por venir. Es por ello que, con este libro seguimos adentrándonos a futuros estudios sobre lo enigmático de los números 3, 6 y 9. Una hoja en blanco, un lápiz y un creador son el principio de toda creación. La palabra, el verbo y la intención abre las puertas de esta nueva, enigmática, creativa, imaginativa y concordante dimensión, que es la clave de los 3, 6 y 9 ya haya nubes, lluvia o nieve.

CONSTANTE TÉSLICA

N_N	1	4	7	2	5	8	3	6	9
C_T	6			3			9		

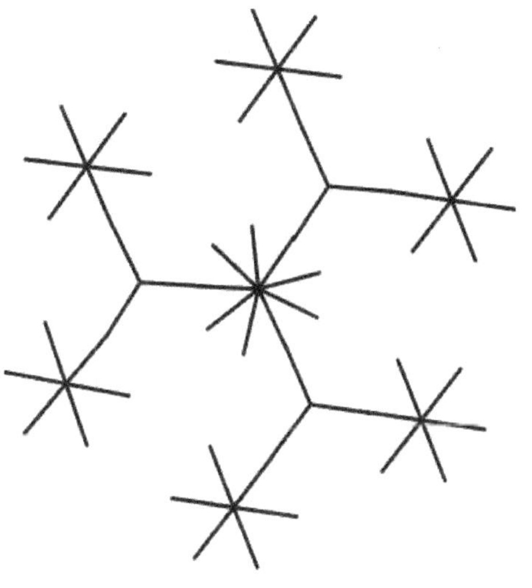